Precatórios na História.

De antes do Brasil Colônia até a Constituição de 1988.

Eurípedes Gomes Faim Filho

Precatórios na História.

De antes do Brasil Colônia
até a Constituição de 1988.

Série: Precatórios e Requisições de Pequeno Valor
Volume II
Edição eletrônica e impressa.
São Paulo: IPAM, 2017.

© de todas as versões e edições em qualquer formato e em qualquer país: Eurípedes Gomes Faim Filho. Todos os direitos reservados. All rights reserved.

Presidente do IPAM
Hertha Helena Rollemberg Padilha de Oliveira

Ao meu filho Víctor.

À minha mãe e ao meu pai, "in memoriam".

"Em história [...] nada se faz abruptamente, nem mesmo as revoluções"¹

SUMÁRIO

INTRODUÇÃO. 1

1 – O BRASIL COLÔNIA......................7

2 – O BRASIL IMPÉRIO. 18

3 – O BRASIL REPÚBLICA. 28

   3.1 – O PERÍODO DA PRIMEIRA CONSTITUIÇÃO REPUBLICANA..............28

   3.2 – AS CONSTITUINTES REPUBLICANAS APÓS A PRIMEIRA.......34

   3.3 – AS OUTRAS CONSTITUIÇÕES REPUBLICANAS. 48

CONCLUSÕES 55

ANEXO I - JOÃO.................................62

ANEXO II - TABELAS COMPARATIVAS DOS TEXTOS ORIGINAIS DAS CONSTITUIÇÕES BRASILEIRAS. 66

ANEXO III - LEGISLAÇÃO MENCIONADA NO TEXTO, MAS NÃO CONTIDA NELE. 73

 CONSTITUIÇÃO POLÍTICA DO IMPÉRIO DO BRASIL 73

 DECRETO Nº 737, DE 25 DE NOVEMBRO DE 1850. 75

 DECRETO Nº 2.433, DE 15 DE JUNHO DE 1859. 75

 LEI Nº 6.952, DE 6 DE NOVEMBRO DE 1981 82

 REFERÊNCIAS 86

 PRINCIPAIS PÁGINAS VISITADAS NA INTERNET. 92

 LEGISLAÇÃO USADA NO TEXTO. ... 94

FONTE DAS IMAGENS........................97

ÍNDICE ALFABÉTICO, REMISSIVO E ONOMÁSTICO....................................99

SOBRE O AUTOR............................. 110

LIVROS DO AUTOR JÁ PUBLICADOS 113

INTRODUÇÃO.

Os precatórios são parte do procedimento de execução por quantia certa contra a Fazenda Pública em virtude de reconhecimento de débito contra ela por sentença ou acórdão proferido pelo Poder Judiciário.

Há poucas informações históricas nos livros de Direito brasileiros que tratam dos precatórios, contudo, realizando uma pesquisa um pouco mais profunda encontram-se informações extremamente valiosas como se demonstra neste pequeno livro.

Originalmente este texto fazia parte da tese de doutorado defendida e aprovada no Departamento de Direito Econômico, Financeiro e Tributário da Faculdade de Direito do Largo de São Francisco da Universidade de São Paulo (FADUSP),[2] a qual foi publicada em três partes.[3]

O motivo de se dividir a publicação em três é que se intencionou destacar pontos mistificados relativamente aos precatórios e um dos mitos é que esse sistema surgiu do nada na Constituição de 1934.

Pode-se perguntar o que acontecera com a constituinte de 1934 que fez com que, segundo vários autores e até ministros do Supremo Tribunal Federal, surgisse inopinadamente no mundo jurídico a figura do precatório.

Parece difícil crer que algo tão complexo aparecesse do nada sem um desenvolvimento anterior e, por isso, uma investigação foi feita nos anais das constituintes todas, desde a imperial, mesmo tendo ela gorado.

Cada vez tentou-se ir mais fundo na busca dos motivos e fatos que colocou o Brasil nessa situação e isso faz lembrar suas origens históricas lusitanas.

Desde a independência, como o filho que se rebela contra o pai e precisa se diferenciar dele para ter sua própria identidade, o Brasil insiste em acreditar que sua origem ocorreu apenas no ano de 1500, como se fosse a mítica ilha de Hy Brasil das lendas irlandesas.[4]

Tal ilha ficava coberta por brumas exceto por um dia a cada sete anos, quiçá o dia 22 de abril de 1500, e talvez o Brasil fosse mesmo essa ilha cantada pelos irlandeses, pois tudo indica que Pindorama[5] fora visitada antes de Cabral.

Lembramos que, na história oficial do Brasil, que normalmente nos ensinam na escola, não se fala do heroico Viriato combatendo os invasores romanos.[6]

As proezas do Pérfido Galego, como os mouros o chamavam,[7] e as trágicas consequências da batalha de Alcácer Quibir, a batalha dos três reis, são olvidadas.

Essa batalha trouxe para alma brasileira a mística do sebastianismo como nos demonstra Antônio Conselheiro, eternamente aguardando o retorno do Desejado.[8]

Sem Dom Sebastião, Portugal perdeu o brilho do seu império, pois a sua poderosa armada, a qual mantinha o Império presente no oriente, foi afundada como parte da "Invencível".[9]

E nós? Bem, nós nos tornamos o país do futuro, esperando sempre a completude do Quinto Império.[10]

Frente a tantas lacunas na história que se ensinava e se ensina, havia algo que evidentemente faltava na história do precatório e foi-se busca-lo nos arquivos da Torre do Tombo, na Coleção de Obras Raras do Senado, nos anais das nossas constituintes e onde mais se pudesse imaginar e muitas informações interessantes sobre as origens do nosso precatório foram encontradas.

Para expor isso, o texto começa no período colonial, na verdade até um pouco antes dele, se estende ao tempo do império e termina no período republicano.

Aqui não se adentrou na evolução ocorrida a partir da Constituição de 1988 porque isso é objeto do livro que tratou da maior parte da citada tese.

Assim se espera ter trazido mais informações fidedignas e fruto de pesquisa científica para esse tema tão importante como o é o dos precatórios.

1 – O BRASIL COLÔNIA.

Segundo Francisco Wildo Lacerda Dantas, as ordenações Manuelinas, Afonsinas e Filipinas, em especial essas últimas, previam penhora de bens públicos tal como ocorria com os dos particulares, só começando a surgir regras de impenhorabilidade a partir de normas datadas de 1582, 1607, 1609, 1689 e 1770 embora não se falasse de bens públicos.[11]

Já José Martins Catharino, sem citar a fonte, afirma que o sistema de precatórios foi criado com o nome de "precatório de mercê" pelo qual o credor da Coroa Portuguesa suplicava ao El-Rei que determinasse o adimplemento de seu crédito.[12]

Pesquisando na Torre do Tombo em Portugal[13] o registro mais antigo que se consegue encontrar é de 29 de setembro de 1498, na vigência das Ordenações Afonsinas, o que não significa que não haja outros mais antigos ainda.

O documento é uma carta em que a expressão "precatório" é mencionada:

> Carta que escreveu Francisco de Seixas ao Rei em que lhe dá conta como lhe já tinha escrito sobre o trabalho do cónego de Gonçalo de Mascarenhas e que manda o secretário fazer as diligências como ele fizera indo a Coimbra e também de um **precatório** que mandara ao contador das sisas de Coimbra, como também se lhe tomara conta pela Sé vagante e que não sabe como pode ser isso não lhe pertencendo alguns anos como aponta. (grifo nosso).

Por esse primeiro registro não fica fácil descobrir para o que se usava a palavra na época, porém, o segundo registro mais antigo encontrado é de 28 de janeiro de 1508 e o que consta nele é muito esclarecedor:

> **Precatório** de D. António de Almeida aos **vedores da fazenda**[14] para se mandarem descarregar **13.033**

réis, que se achavam carregados duplicadamente a Pero Botelho, procedidos de uns panos de Ruão que Fernão **vendeu ao rei**.[15]

Ou seja, em 1508 se mandou um precatório aos fiscais da Fazenda referente a uma dívida do rei.

Chama ainda mais a atenção um caso datado de 13 de julho de 1514:

> **Precatório** de Fernão Rodrigues de Almeida, **juiz** dos orfãos de Lisboa, para o **recebedor da Casa do Pescado e Madeira pagar** a D. Isabel de Mendanha, mulher que foi de D. João de Meneses.[16]

Encontramos mais detalhes a respeito desse acontecimento:

> Há notícia de algumas procurações para se efectuarem pagamentos a D. Isabel de Mendanha. Nomeadamente, um **precatório** de Fernão Rodrigues de Almeida, **Juiz** dos

órfãos de Lisboa, para o **recebedor da Casa do Pescado e Madeira pagar a D. Isabel Mendanha** (1514). A este documento segue-se o recibo que prova que D. Isabel Mendanha (1515) recebeu de João Manuel, de **sisa do pescado e madeira,** 37.500 réis que este havia de receber de um desembargo em Vila do Conde. Há ainda uma procuração de D. Isabel Mendanha para os seus procuradores cobrarem 10.000 réis que o rei D. João III lhe desembargou no Almoxarifado de Vila do Conde (1524); uma provisão para se pagar a D. Isabel Mendanha 50.000 réis de sua tença (1524) e por fim outra procuração de El Rei D. João III para se pagar a D. Isabel Mendanha 50.000 réis que ficaram por pagar (1524).[17]

Evidente que quem cuidava do tributo sisa era uma autoridade pública, ou seja, se tem aí um juiz expedindo um precatório para uma autoridade administrativa pagar dinheiro a uma pessoa, por conseguinte algo muito semelhante ao sistema de precatório atual, o que demonstra suas origens bem vetustas.

Encontra-se ainda um precatório expedido em 1518 por um juiz do Cível de Lisboa aos oficiais da Casa da Índia para que entregassem uma herança a HENRIQUES DE MATOS, herdeiro universal de seu irmão ANTÓNIO DE MATOS,[18] o que não corresponde exatamente ao modelo atual de precatório, mas também demonstra a antiguidade do uso jurídico da palavra *"precatório"*.

Além desses textos da Torre do Tombo se estudou outros livros.

As Ordenações Afonsinas de 1416 deram início à estruturação do Estado, trabalho que foi completado pelas Ordenações Manuelinas de 1512 que organizaram o crescente Império Português no seu aspecto financeiro e no Direito Fiscal, estabelecendo-se em 1516 os *"Regimentos e Ordenações da Fazenda"*, os quais trouxeram à luz o primeiro regramento dos Vedores da Fazenda.

As Ordenações Filipinas de 1603 tinham como objetivo, entre outros, impedir a pulverização da administração das finanças e foi durante o governo filipino que surgiu o Conselho da Fazenda de 1591 para onde foram os três Vedores da Fazenda, bem como foi publicado o *"Regimento dos Contos do Reino e Casa"* de 1627, o qual permitiu haver uma compilação legislativa moderna e enxuta usada longamente nos Contos do Reino.

O Conselho da Fazenda perdeu sua competência para questões litigiosas em favor da Casa de Suplicação onde se centralizou nas mãos do Juízo dos Feitos da Fazenda, alteração feita pelas Ordenações Filipinas.[19]

A importância das Ordenações Filipinas no Brasil é muito grande.

Na parte penal as Ordenações Filipinas duraram até a Constituição Imperial de 1824 quando as penas cruéis e degradantes foram abolidas.[20]

A parte cível das Ordenações Filipinas só foi revogada em parte quando da promulgação do Código Civil, Lei 3.071 de 1º de janeiro de 1916, cujo último artigo assim dispôs:

> Art. 1.807. Ficam **revogadas as Ordenações**, Alvarás, Leis, Decretos, Resoluções, Usos e Costumes concernentes às matérias de direito civil **reguladas neste Código**.
> (grifo nosso)

Ou seja, o que não estivesse regulado no Código não estaria revogado e a revogação integral da parte cível só se deu com a Lei Federal 6.952/1981 a qual regulou a escritura pública acrescentando parágrafos ao artigo 134 do Código Civil de 1916, pois antes disso os notários usavam o regramento das Ordenações Filipinas,[21] enquanto isso em Portugal as Ordenações Filipinas foram revogadas pelo Código Civil de 1867.[22]

Assombrosamente menção às Ordenações ainda são encontradas na jurisprudência do Século XXI, como nos dois exemplos seguintes apresentados por ordem de data:

> PROCESSUAL CIVIL. EMBARGOS DE DIVERGÊNCIA. NÃO CONHECIMENTO. CÓDIGO DE ÁGUAS. 1. Contrato firmado em 1911, **sob a égide das Ordenações Filipinas**, estabelecendo como preço prestação continuada: redução de 50% (cinqüenta por cento) do preço da energia elétrica consumida pelo vendedor. 2. Prescrição trintenária constante do Código de Águas que, embora posterior à avenção, não pode ser inferior à norma contratual. Precedentes do STF (RE n° 96.645-5/MG). [...] (EREsp 23.915/MG, Rel. Ministro JOSÉ DELGADO, PRIMEIRA SEÇÃO, **julgado em 09/05/2001**, DJ 25/02/2002, p. 194).

> Ap. Civ. 000069-6/6 **Data: 16/12/2003** Localidade: São Paulo.

Relator: Luiz Tâmbara. Legislação: Carta de Arrematação. Continuidade. Disponibilidade. Ordenações Filipinas. Comunhão de bens. Falecimento. Registro de imóveis - Carta de arrematação - Princípios da continuidade e disponibilidade - Violação - Imóvel adquirido pelo cônjuge virago com assistência do varão antes da vigência do regime legal do bem reservado (Lei 4.121/62) - **Casamento celebrado antes da vigência do Código Civil de 1916 - Regime jurídico das Ordenações do Reino (Filipinas)** - Comunhão de bens - Imóvel não inventariado por ocasião do falecimento do cônjuge varão e levado por inteiro ao inventário dos bens deixados pelo falecimento superveniente do cônjuge virago - Afronta aos princípios da continuidade e disponibilidade - Recurso provido.

Retornando ao assunto principal, observa-se que na obra de CANDIDO MENDES DE ALMEIDA,[23] **cujo cerne é formado pelas**

Ordenações Filipinas, a expressão "precatório" se repete dezesseis vezes[24] com várias acepções, tais como: mandado, precatória e até com sentido bem próximo do atual. Pode ser que haja mais repetições da palavra, pois o exame feito foi perfunctório devido ao escopo deste trabalho.

A insuficiência das Ordenações para tratar dos problemas que surgiram com a expansão do Império Português e os problemas locais que apareceram levaram à promulgação do que foi chamado de *"leis extravagantes"*,[25] o que deu origem à *"Collecção Chronologica de Leis Extravagantes, posteriores à nova compilação das Ordenações do Reino, publicadas em 1603 deste ano até o de 1761, por Resolução de S. Magestade de 02 de Setembro de 1786"*.[26] Nessa obra a palavra "precatório" pode ser encontrada pelo menos 39 vezes,[27] também com uma busca superficial.

Com isso podemos passar para outra fase de nossa história: o Brasil Império.

2 – O BRASIL IMPÉRIO.

Com a independência, D. PEDRO I mandou que se aplicassem ao Brasil as normas portuguesas promulgadas até 25 de abril de 1821 e, a partir daí, que se cumprissem as regras do Regimento do mesmo Imperador e ainda as das Cortes Portuguesas enumeradas naquele regimento:

> Art. 1º As Ordenações, Leis, Regimentos, Alvarás, Decretos, e Resoluções promulgadas pelos Reis de Portugal, e pelas quaes o Brazil se governava até o dia 25 de Abril de 1821, em que Sua Magestade Fidelissima, actual Rei de Portugal, e Algarves, se ausentou desta Côrte; e todas as que foram promulgadas daquella data em diante pelo Senhor D. Pedro de Alcantara, como Regente do Brazil, em quanto Reino, e como Imperador Constitucional delle, desde que se erigiu em Imperio, ficam em inteiro vigor na parte, em que não

> tiverem sido revogadas, para por ellas se regularem os negocios do interior deste Imperio, emquanto se não organizar um novo Codigo, ou não forem especialmente alteradas.
>
> Art. 2º Todos os Decretos publicados pelas Côrtes de Portugal, que vão especificados na Tabella junta, ficam igualmente valiosos, emquanto não forem expressamente revogados. [28]

A Constituinte de 1823, dissolvida por D. PEDRO I, não tratou especificamente do tema do pagamento das dívidas públicas fundadas em sentença, mas nela já se escutava a voz do Senhor JOSÉ MARTINIANO DE ALENCAR, o qual reclamou da lentidão da Justiça num pronunciamento datado de 24 de outubro de 1823:

> De que serve alcançar-se justiça em uma causa depois de uma demanda de 20 e 30 annos, como é agora vulgar? Eu mesmo tenho a experiência em minha casa; de que serve a justiça que me têm feito os

magistrados, em uma demanda que tem minha casa, começada no dia do nascimento de um mano meu mais velho do que eu 5 annos?

Na administração da justiça é que existem mais abusos, e é nella que devemos fazer a maior reforma; se não praticarmos assim os povos farão novas revoluções, vendo que não estão remediados naquilo que eles mais sofrem.

Demais, senhores, è da complicação e demoras das demandas presentes que se seguem outras mais demandas; e por isso encurtadas estas seguir-se-ha o bem de não parírem outras como até agora sucede.[29]

A Constituição do Império de 22 de abril de 1824, outorgada por D. Pedro I, previu a seguinte regra:

> Art. 15. É da attribuição da Assembléa Geral [...]

X. **Fixar annualmente as despezas publicas**, e repartir a contribuição directa. [...]

XIV. Estabelecer meios convenientes para pagamento da divida publica.

XV. Regular a administração dos **bens Nacionaes**, e **decretar a sua alienação**. [...]

Art. 172. O Ministro de Estado da Fazenda, havendo recebido dos outros Ministros os orçamentos relativos ás despezas das suas Repartições, apresentará na Camara dos Deputados annualmente, logo que esta estiver reunida, um Balanço geral da receita e despeza do Thesouro Nacional do anno antecedente, e igualmente **o orçamento geral de todas as despezas publicas do anno futuro**, e da importancia de todas as contribuições, e rendas publicas. [...] (grifo nosso)

Nessas primeiras normas constitucionais observamos pontos que são relevantes para o presente estudo.

Já consta aí a regra de que as despesas públicas devem ser fixadas pelo Legislativo com base em orçamento inicialmente preparado pelo Executivo, evidentemente inclusive as despesas decorrentes de condenações judiciais para que o Estado pague quantia certa, pois não se abriu exceção alguma no texto constitucional.

Além disso, se vê presente nesse texto a regra da inalienabilidade dos bens públicos, os quais só poderiam ser alienados com permissão legislativa, o que evidentemente inclui a impenhorabilidade.

Essas duas regras são o coração do sistema de precatórios, por isso pode-se dizer que já na Constituição do Império esse sistema estava presente, mesmo que não de forma tão explícita como ocorreu na Constituição de 1934.

O Decreto 737 de 25 de Novembro de 1850, cujo objeto foi determinar *"a ordem do juizo no processo commercial*", previu expressamente a impenhorabilidade dos bens inalienáveis no seu art. 529, §1º, e os Alvarás 120 e 391, ambos de 1863, explicitaram que os bens das *"Camaras Municipaes"* também eram impenhoráveis.[30]

Na obra onde se encontra esse decreto e que trata principalmente do *"Codigo Commercial"* do Império, Lei 556 de 25 de junho de 1850, há cinco repetições da palavra *"precatório"*.[31]

Encontra-se ainda no "appendice" do Livro 5º da Obra supracitada do *"Codigo Philippino"* uma seção de avisos denominada *"Precatorio e Mandado"* com um aviso expedido já no Império:

> AVISO n. 262 – DE 14 DE JUNHO DE 1858
>
> Declara não poder ser cumprido um **Precatorio dirigido ao Thesouro pelo Juiz** Municipal Supplente da 2ª vara da Corte, por incompetencia de Juizo, na forma do

> art. 48 do Reg. de 15 de Junho de 1839,
> e falta de observância dos arts. 61 e 62
> do mesmo Regulamento.

Indubitavelmente o aviso chama muito a atenção por lembrar o sistema atual.

O art. 95 do Decreto 2433 de 15 de julho de 1859 é um dos artigos que mais se aproxima da hodierna ideia de precatório. Ele encontra-se no capítulo denominado dos *"bens do Evento"*, ou seja, escravos e animais achados sem que se soubesse a quem pertenciam.

Havia todo um procedimento fixado para os *"bens do Evento"*, mas, por fim, se o dono não aparecesse, haveria a venda e o produto dela seria recolhido à Recebedoria do Município.

Mais tarde, aparecendo o dono e sendo assim reconhecido pelo juiz, reza o citado artigo 95 que o juiz "ordenará por sua **sentença** que se lhe entregue o producto liquido da arrematação [...] e lhe dará **precatorio** para o levantamento na forma do art. 58 deste Regulamento [...]". [32]

Aqui vemos uma sentença judicial ordenando ao Estado entrega de quantia certa executada pela via do precatório.

A regra da impenhorabilidade dos bens inalienáveis foi repetida no art. 1.277, §1º, da Consolidação do Processo Civil do Império.[33]

Há informações de que o *"Directório do Juízo Fiscal e Contencioso dos Feitos da Fazenda"* criou a Instrução Normativa de 10 de abril de 1851 a qual estabeleceu um sistema semelhante aos precatórios.

Por esse sistema, após o trânsito em julgado, cópia da sentença contrária à Fazenda era levada à autoridade competente para determinar seu cumprimento e requerer ao Procurador Fiscal o pagamento. Caso o Procurador não tivesse dúvidas, ele expedia *"precatória"* para que a Tesouraria pagasse se pudesse pagar. Essa informação foi fornecida por JOSÉ MARTINS CATHARINO[34] e JOSÉ OTÁVIO DE VIANNA VAZ.[35]

Esse autor diz que a palavra "precatória" mencionada nessa instrução seria a origem do termo precatório, o que, como visto acima, não é exato.

Tentou-se intensa e longamente encontrar a citada instrução normativa, contudo sem êxito.

FRANCISCO WILDO LACERDA DANTAS afirma: "*assim tenho este como o documento a partir do qual se formou, depois, o sistema de precatório requisitório*", mas, como consta supra, o termo precatório tem sido usado de forma semelhante à atual desde, pelo menos, 1508.[36]

O período atual da história se abre no Brasil República que se passa a ver em seguida.

27

3 – O BRASIL REPÚBLICA.

3.1 – O PERÍODO DA PRIMEIRA CONSTITUIÇÃO REPUBLICANA.

A primeira Constituinte republicana não se estendeu sobre o problema do pagamento das condenações judiciais pecuniárias contra a Fazenda Pública e a Constituição de 1891 não fez menção expressa aos bens, como o fez a Constituição Imperial, mas as seguintes regras relativas a orçamento e dívida pública foram estabelecidas:

> Art. 34 - Compete privativamente ao Congresso Nacional:
>
> 1º) orçar a receita, fixar a despesa federal anualmente e tomar as contas da receita e despesa de cada exercício financeiro; [...]
>
> 3º) legislar sobre a dívida pública e estabelecer os meios para o seu pagamento; [...]

Também, na época, a União legislava sobre direito processual somente para a Justiça Federal:

> Art. 34 - Compete privativamente ao Congresso Nacional:
> [...]
>
> 23º) legislar sobre o direito civil, comercial e criminal da República e o **processual da Justiça Federal**; [...] (grifo nosso)

No exercício dessa competência a União criou o Decreto 3.084 de 05 de novembro de 1898 no qual aprovou uma Consolidação das Leis processuais referentes à Justiça Federal.

Nessa consolidação constou expressamente a regra da impenhorabilidade dos bens públicos em geral:

> Art. 532. Não são sujeitos á penhora os bens da União, dos Estados ou das Camaras Municipaes, bem como as suas rendas, os quaes só devem ser

> despendidos de accordo com os respectivos orçamentos. (grifo nosso)

Além de mencionar a impenhorabilidade dos bens públicos essa norma previu que as rendas públicas só poderiam ser gastas na forma dos respectivos orçamentos, estando aí evidentemente incluídas as resultantes de condenação judicial.

Previu mais esse decreto federal:

> PARTE QUINTA - PROCESSO NAS CAUSAS CIVEIS DE ORDEM PUBLICA OU ADMINISTRATIVA
>
> TITULO II - **CAUSAS DA FAZENDA NACIONAL**
>
> (JURISDICÇÃO CONTENCIOSA)
>
> CAPITULO I - DISPOSIÇÕES PRELIMINARES
>
> Art. 41. Sendo a Fazenda condemnada por sentença a algum

pagamento, estão livres de penhora os bens nacionaes, os quaes não podem ser alienados sinão por acto legislativo.

A sentença será executada, depois de haver passado em julgado e de ter sido intimado o procurador da Fazenda, si este não lhe offerecer embargos, **expedindo o juiz precatoria ao Thesouro para effectuar-se o pagamento.** (grifo nosso)

O texto do decreto usa a expressão "precatória", mas aqui está claro o tratamento dado à dívida oriunda de sentença pelo sistema que hoje se conhece como precatório.

Como a União legislava apenas sobre direito processual para a Justiça Federal, cada Estado–membro tinha o seu Código de Processo.

A respeito dos códigos estaduais, Antônio Carlos de Araújo Cintra, Ada Pellegrini Grinover e Cândido Rangel Dinamarco afirmam que "*Merecem realce especial, por refletirem o espírito inovador e o pensamento científico que animara a doutrina do processo na Alemanha e na Itália os Códigos de Processo Civil da Bahia e de São Paulo."*[37]

Conseguiu-se acesso ao "Código do Processo Civil e Commercial do Estado da Bahia", Lei nº 1121 de 21 de agosto de 1915,[38] o qual tratou do "Processo no Juízo de Execução" nos artigos 1.054 a 1.228, mas sem mencionar expressamente o tratamento dado à Fazenda Pública, sendo que provavelmente aí e em outros Estados-membros se aplicassem por analogia as normas federais.

No caso paulista, o assunto foi tratado claramente no "Código de Processo Civil e Commercial", Lei Paulista nº 2.421 de 14 de janeiro de 1930, o qual dispunha:

> [...] Da execução contra o Estado e o Municipio.
>
> Art. 1050 - Na execução para prestação em dinheiro contra o Estado

ou o Municipio, será citado o devedor para pagar ou oppôr embargos, no prazo de cinco dias, assignado em audiência.

Art. 1051 - Se o executado não oppuzer embargos, ou se fôrem estes rejeitados por sentença passada em julgado, **o juiz expedirá officio requisitorio, para que, em trinta dias, se faça o pagamento ou, na falta de verba, seja ella solicitada do Poder Legislativo**.

Art. 1052 - Quando não se consignar verba para o exercicio seguinte ou não se fizer o pagamento dentro do primeiro semestre, **o exequente poderá penhorar as rendas do Municipio**, que não tiverem destino especial, ou uma porcentagem razoável de todas ellas.

§ unico - Os contribuintes serão citados por edital com o prazo de quinze dias, para que paguem ao depositário.

O estabelecimento de uma ordem cronológica de pagamentos realmente estaria de acordo com tais princípios e poderia resolver o problema.

Os constituintes queriam garantias de que a nova Constituição seria cumprida. Por isso, eles preverão a possibilidade de penhora do crédito orçamentário.

Também propuseram que houvesse responsabilidade solidária passiva entre o Poder Público, o Ministro da Fazenda, bem como com as autoridades e funcionários responsáveis pelo sistema.

Em busca de tal certeza, houve emenda para incluir as Fazendas dos Estados, Distrito Federal e Municípios, bem como a obrigatoriedade da inclusão de verbas nos orçamentos, sob pena de prática de crime de responsabilidade.

Pelas propostas seria possível a penhora de crédito e rendas da Fazenda e também dos bens

Art. 1053 - Os bens e rendas do Estado e os bens municipaes só podem ser penhorados em excussão de hypotheca ou penhor a que estiverem sujeitos. [...][39]

Como se vê o sistema de precatório era presente no Código Paulista como no Código Federal, e pelo sistema bandeirante, salvo se dado em garantia real, os bens públicos não eram penhoráveis, mas as rendas públicas municipais o eram, se o pagamento não fosse feito nos prazos previstos na lei estadual, o que equivale ao que hoje conhecemos como sequestro.

3.2 – AS CONSTITUINTES REPUBLICANAS APÓS A PRIMEIRA.

Após a primeira Constituinte republicana, tivemos Constituintes que resultaram nas Constituições de 1934, 1946, 1966 e 1988.

A Constituinte da Constituição de 1934 suscita maior interesse por ter constitucionalizado o instituto do precatório.

A questão do não pagamento dos precatórios evidentemente chamava muito a atenção na época da segunda Constituinte republicana,[40] pois já no dia 16 de novembro de 1933, ou seja, na 1ª Sessão, ela foi mencionada na leitura do anteprojeto de Constituição do Governo provisório o qual sugeriu uma solução para esse problema no Título I (Da Organização Federal), Seção VI (Do Orçamento e da Administração Financeira) no art. 74 onde constava que as dívidas oriundas de sentença judicial seriam pagas na ordem cronológica rigorosa dentro dos créditos orçamentários abertos com tal propósito.

O que ocorria na época e que levava a esse realce no assunto nos é esclarecido pelos constituintes:

> [...] i) A desordem financeira em muitos Estados não se manifesta apenas na cessação de pagamento da sua dívida fundada, mas também e principalmente pela desordem no pagamento da dívida flutuante, sujeito ao regime do favoritismo, quando não das negociatas dos intermediários e pela desordem no pagamento dos funcionários: **Contas de amigos se processam e pagam rapidamente, enquanto as de adversários ou dos que se não submetem a extorsões, ficam relegadas ao abandono, mesmo que sejam cartas de senten**[ça] Relativamente a estas últimas na es[fera] federal, tem o anteprojeto exce[...] dispositivo no art. 74. Estend[...] emenda aos Estados, fazendo-[...] também as contas comuns, sa[...] tudo pela intervenção. [...] (g[rifo...])

Daí se vê que o que se [...] era colocar ordem em um si[stema] mas que não respeitava os p[rincípios] e impessoalidade da Admi[nistração] princípio Republicano.

do legislador, autoridade, ou funcionário culpado pela não abertura do crédito.

Nada disso foi aprovado, mas deveria ter sido, pois na justificação da emenda de J. FERREIRA DE SOUZA constou que:

> [...] Entre nós, tem a experiência demonstrado que os mais caloteiros dos devedores são os governos. Os mais caloteiros e os que menos importância ligam ás condenações da Justiça. [...]

Nessa justificativa também se reclamou de que os governantes só pagam quando e se quiserem e tudo de forma impune.

Esse constituinte lembrou que essa situação incentivava o desrespeito pelos direitos e multiplicava feitos nos tribunais enquanto os precatórios se amontoam e *"dormem nos gabinetes dos Ministros e das secretarias dos Presidentes e dos Prefeitos, á espera da boa vontade de qualquer onipotente, ou das gorgetas, das percentagens, ou simples empenhos de amigos*".

O Poder Legislativo não foi poupado por J. FERREIRA DE SOUZA, pois ele seguiu dizendo que nele "*é a mesma coisa. Faz-se preciso mover as amizades ou estimular os interesses.*", sendo poucos detentores de títulos judiciais contra o Poder Público que chegam ao final e recebem seu crédito e tal demora o consome em juros que o credor teve que pagar a bancos ou agiotas, além de a via judiciária ser onerosa, longa, agravada pelos prazos dilatados e a ela se vem unir "*a displicência superior do devedor*".

As razões dele, pela veemência, merecem ser repetidas:

> [...] Há um desprezo pelo Poder Judiciário cujas decisões deveriam ser recebidas com o maior respeito, pois a ele é dada a missão de intérprete último da lei, cabendo ao Governo dar o exemplo, pois se não o der não poderá exigir dos indivíduos que o façam;

A simples possibilidade de existir tão longa tardança estimula as autoridades a praticar ilegalidades, pois quanto mais longe estiver a reparação do mal, "*mais ténues as possibilidades de uma responsabilização individual. Ou mesmo de um simples reflexo na vida política*";

O próprio regime fica desmoralizado, "Vêm os empenhos de amigos, as remunerações extra ou ilegais, corrupção em suma, levando, em arrastão, uns restos de património moral que deveríamos conservar";

Há uma descrença dos cidadãos com relação ao governo, com quem evitam ter contato econômico, sendo que os bons cidadãos sentem náuseas disso tudo e "*o Govêrno passa a negociar simplesmente com os maus, os que antecipadamente se compensam da demora, com juros judaicos, e ao mesmo tempo os dividem sabiamente*";

> "Em quinto, porque facilita a boa vontade dos peritos arbitradores e dos próprios Juízes (homens que tambem têm coração), no fixar as indenizações"; [...]

J. FERREIRA DE SOUZA percebeu que não havia razão para o pagamento ser feito só no exercício seguinte, acrescentando que o credor deveria ser satisfeito num prazo curto a contar da apresentação do precatório porque devido aos trâmites burocráticos necessários não seria possível um pagamento imediato.

A boa ideia da consignação dos créditos para o Judiciário veio de PONTES VIEIRA e ele, na sua justificativa, explanou que o próprio Judiciário deveria executar suas decisões para impedir o *"funesto vêso de discutí-las quando não podem mais ser emendadas"*. A salutar proposta, embora aprovada, só começou a ser praticada a partir de 2010 com a Emenda Constitucional 62/2009.

PONTES VIEIRA também pediu a inclusão da regra de não se permitir a especificação de casos e designações de pessoas, o que mereceu o elogio do constituinte FERREIRA DE SOUSA que a considerou uma *"medida de grande moralidade"* para que o Legislativo agisse com impessoalidade devendo a verba votada dizer respeito a todas as dívidas judiciárias existentes, o que inviabilizaria que os *"poderosos do dia"*, na expressão de FERREIRA DE SOUZA, pudessem destinar a verba à pessoa certa, como até então ocorria.

FERREIRA DE SOUZA completou afirmando que a necessidade de colocar imediatamente o crédito à disposição do Judiciário decorria do fato de que somente o Judiciário era competente para saber como, a quem e quando deveria ser feito o pagamento, não cabendo tal decisão à discrição de um ministro, na verdade, segundo ele, dos auxiliares do ministro, os quais *"têm o poder supremo de preparar e ordenar os processos para efeito de despacho e até o de sôbre êles resolver soberanamente"*, pois nenhum ministro da

Fazenda teria condições de sozinho fazer tal controle.

O problema não se resolveu com a inclusão do precatório na Constituição, como todos nós sabemos e era evidente, pois só constitucionalizar nada muda.

Interessante que há uma cultura no país no sentido de que se algo não é cumprido deve ser incluído na Constituição e, com isso, magicamente será respeitado daí para frente. Contudo, contrariando essa cultura, o constituinte de 1946, ATALIBA NOGUEIRA, propôs a retirada do tema da Constituição por não ser tema constitucional, o que não foi acolhido.

Nessa constituinte de 1946 FLORES DA CUNHA lastimava da impossibilidade de fazer o Poder Público cumprir as sentenças judiciais, mas outros, como PONCE DE ARRUDA, queriam o contrário, propondo limitação ao montante do pagamento anual e LEVINDO COELHO, JOSÉ ALKMIN, ALFREDO SÁ e BIAS FORTES chamaram os credores públicos munidos de sentença de privilegiados, pois os credores que não tinham tal título não tinham a verba prevista em orçamento. Essa última afirmação foi feita mesmo se sabendo que o privilégio que se tinha era o de ser preterido.

OLAVO OLIVEIRA reclamou da falta de solução para o problema da inadimplência estatal por parte da Constituinte e ele tinha razão porque sem solução ficou.

CUNHA BUENO demonstrou que o tempo passou e nada mudou. Esse constituinte de 1966 mencionou que a forma como se agia com as desapropriações não satisfazia o requisito da prévia e justa indenização, o que é óbvio, mas até hoje não reconhecido pelos detentores do Poder.

Nessa Constituinte de 1966 é que surgiu a ideia de colocar o prazo de 1º de julho para a apresentação dos precatórios e CUNHA BUENO enxergou que isso levaria a uma demora de até mais de dois anos no pagamento, contudo, estranhamente, para o Supremo Tribunal Federal até hoje, tal demora não justifica juros de mora.

Esse mesmo constituinte viu que não havia necessidade de constar o valor exato dos precatórios, podendo-se fazer uma previsão orçamentária e compensar as eventuais faltas por créditos adicionais ou suplementares.

Em 1988 surge a Constituição Cidadã e o problema de sempre recebeu propostas de sempre na Constituinte, tais como, pagamento em noventa dias a contar da ciência do órgão devedor com verba prevista no orçamento por estimativa;[41] tirar a administração da verba das mãos do Executivo,[42] como determinado desde 1934; abolição da data limite de 1º de julho e inclusão de verba necessária a qualquer momento mediante mensagem retificativa do orçamento;[43] exclusão dos benefícios previdenciários da regra do precatório;[44] e outras.

A situação chegou a tal ponto que na Constituinte foi afirmado que aqueles cujas casas foram tomadas por desapropriação tornavam-se sem teto por falta de receber a prévia e justa indenização, tudo entulhando o Judiciário de processos.

A grande novidade da Cidadã foi o parcelamento unilateral, excluídos os débitos alimentares e usando-se títulos especiais da dívida pública para pagamento, cuja proposta de emenda foi feita por GUILHERME PALMEIRA, VIRGÍLIO GALASSI, PAULO MACARINI e ARNALDO FARIA DE SÁ.

Tal emenda fora incluída, segundo JOSÉ EGREJA, de forma oblíqua na votação do primeiro turno a pedido de governadores interessados em procrastinar o pagamento.

Ele afirmou que isso foi feito mesmo havendo ofensa à coisa julgada, ao direito adquirido e ao princípio da isonomia, por ferir a ordem cronológica dos precatórios.

Ele observou também que o que estava sendo feito contrariava os interesses da economia nacional por dar uma carta branca ao endividamento público por meio de títulos da dívida pública.

Também FARABULINI JÚNIOR se levantou contra a proposta de aumentar o déficit e derrogar a parte permanente da Constituição, fazendo o mesmo JOSÉ YUNES, constituinte que afirmou que esse calote feria a independência dos Poderes e o Estado de Direito sendo um prêmio ao mau pagador.

Mas a maioria não era a favor dos portadores de título judicial porque o parcelamento foi aprovado.

Não bastasse isso, CÉSAR MAIA e BERNARDO CABRAL colocaram-se contra a ideia de correção monetária porque, segundo eles, todos perdiam com a inflação, razão pela qual os credores de precatório também deveriam perder.

Felizmente, pelo menos esse ponto de vista de impor mais perdas com a inflação parece que foi superado, embora se saiba que a inflação oficial sempre perde para a real.

Cabe-nos agora examinar que Constituições produziram essas Constituintes.

3.3 – AS OUTRAS CONSTITUIÇÕES REPUBLICANAS.

Como já dito, a Constituição de 1934 constitucionalizou a figura do precatório com uma regra que não mudou muito até hoje:

> Art. 182. Os pagamentos devidos pela fazenda federal, em virtude de sentença judiciária, far-se-ão na ordem de apresentação dos precatórios e à conta dos créditos respectivos, sendo vedada a designação de caso ou pessoas nas verbas legais.
>
> Parágrafo único. Esses créditos serão consignados pelo Poder Executivo ao Poder Judiciário, recolhendo-se as importâncias ao cofre dos depósitos públicos. Cabe ao Presidente da Corte Suprema expedir as ordens de pagamento, dentro das forças do depósito, e, a requerimento do credor que alegar preterição da sua precedência, autorizar o seqüestro da

> quantia necessária para o satisfazer, depois de ouvido o Procurador-Geral da República.

Tal Constituição também acabou com a dualidade de legislação processual tornando essa matéria legislativa privativa da União no seu art. 5º, XIX, "a". Em virtude disso, os códigos de processo estaduais não foram recepcionados pela nova ordem constitucional, submetendo-se então os Estados e Municípios às regras processuais da União em termos de precatórios.

Essa constituição foi seguida pela Constituição outorgada em 1937, a qual nunca foi aplicada totalmente de fato devido à instalação do Estado Novo com a ditadura de Getúlio Vargas.

A Constituição de 1937 não alterou nada de substancial na regra de 1934, apenas explicitou que o sequestro só poderia ser autorizado para o credor realmente preterido, não bastando simples alegação de preterição, como constava na redação anterior, o que já era óbvio.

Em 1937 a Corte Máxima passou a denominar-se Supremo Tribunal Federal.

Nessa Carta as regras de Direito Processual continuaram privativas da União nos termos do art. 16, XVI, o que nunca mais se alterou até hoje.

No exercício dessa competência legislativa a União criou o Código de Processo Civil de 1939, Decreto-lei 1.608 de 18 de setembro de 1939, que assim dispôs:

> Art. 918. Na execução por quantia certa, o devedor será citado para, em vinte e quatro (24) horas, contadas da citação, pagar, ou nomear bens a penhora, sob pena de serem penhorados os que se lhe encontrarem.
>
> Parágrafo único. Os pagamentos devidos, em virtude de sentença, pela Fazenda Pública, far-se-ão na ordem em que forem apresentadas as requisições e à conta dos créditos respectivos, vedada a designação de casos ou pessoas nas

verbas orçamentárias ou créditos destinados àquele fim.

As verbas orçamentárias e os créditos votados para os pagamentos devidos, em virtude de sentença, pela Fazenda Pública, serão consignados ao Poder Judiciário, recolhendo-se as importâncias ao cofre dos depósitos públicos. Caberá ao presidente do Tribunal de Apelação, ou do Supremo Tribunal Federal, se a execução fôr contra a Fazenda Nacional, expedir as ordens de pagamento, dentro das fôrças do depósito, e, a requerimento do credor preterido em seu direito de precedência autorizar o sequestro da quantia necessária para satisfazê-lo, depois de ouvido o Procurador Geral.

Esse Código mencionou além do Supremo Tribunal Federal o Tribunal de Apelação, hoje Tribunal de Justiça, pois a regra por ele estabelecida era para toda a Fazenda Pública e não apenas para a federal.

A Constituição de 1946 incluiu as Fazendas Públicas dos Estados e Municípios no texto constitucional, o que não era a rigor necessário, pois a norma processual já os incluía como dissemos.

Outra pequena coisa foi que essa Constituição determinou que devesse haver dotações orçamentárias e créditos "*extra-orçamentários*" abertos para o pagamento dos precatórios.

Na vigência desta Constituição surgiu a Lei nº 4.320/1964 com o objetivo de estatuir "*Normas Gerais de Direito Financeiro para elaboração e contrôle dos orçamentos e balanços da União, dos Estados, dos Municípios e do Distrito Federal*" prevendo tal lei no seu art. 67 a mesma regra constitucionalmente consagrada.

A Constituição de 1967 no § 1º do art. 112 fixou a regra da data de primeiro de julho de cada ano para a apresentação dos precatórios judiciais, data limite que permanece até hoje, e estabeleceu a obrigatoriedade da inclusão no orçamento das entidades de Direito Público de verba necessária ao pagamento desses débitos.

Já a Emenda Constitucional número 01 de 1969 continuou o sistema da Constituição de 1967, salvo por uma ligeira e inexpressiva alteração de redação.

Nesse período surgiu o Código de Processo Civil de 1973, o qual revogou quase integralmente o Código de Processo Civil de 1939, mas manteve a ideia básica do código anterior no que tange aos precatórios, apenas mencionando menos regras orçamentárias, no que fez bem, pois essas regras são relativas ao Direito Financeiro e não ao Direito Processual.

No dia 27 de novembro de 1985 a Emenda Constitucional nº 26 convocou uma nova Assembleia Nacional Constituinte que deu origem à atual Constituição de 1988, cujo estudo será feito em outra obra.

CONCLUSÕES

Ao fim desta obra observa-se que os precatórios penetram muito mais profundamente no tempo do que muitos pensam.

Com registros encontrados a partir de 1498 e outros se percebe que desde o início o instituto estava ligado à entrega de dinheiro relacionado a questões públicas.

No período imperial continuaram valendo as normas portuguesas, até que novas normas brasileiras as substituíssem.

A Constituição de 1824 tratou do orçamento dizendo que ele deveria prever todas as despesas públicas e previu a alienação de bens públicos apenas por decreto da Assembleia Geral da nação, ou seja, trouxe as bases do sistema de precatório atual.

A impenhorabilidade foi expressamente prevista em 1850 e na Consolidação do Processo Civil do Império.

Em 1851 surge uma Instrução normativa já nos moldes do precatório, embora se usasse a expressão "precatória".

A primeira Constituição republicana trouxe regras orçamentárias semelhantes à Constituição anterior e estabeleceu que a legislação processual fosse feita pela União para a Justiça Federal e pelos Estados para a Justiça Estadual.

A União expediu o Decreto 3.084 de 05 de novembro de 1898 o qual aprovou uma Consolidação das Leis processuais estabelecendo a impenhorabilidade dos bens públicos e previsão orçamentária de gastos públicos.

Essa consolidação estabeleceu que as condenações pecuniárias contra a Fazenda Pública seriam executáveis após o trânsito em julgado da sentença e por meio de "precatória" expedida pelo juiz ao Tesouro para pagamento.

O "Código de Processo Civil e Commercial Paulista" dispôs que essa execução se faria por ofício requisitório para pagamento, com possibilidade de penhora das rendas municipais, o que hoje seria o sequestro, no caso de não pagamento em seis meses ou não previsão orçamentária.

A leitura dos anais das constituintes foi muito rica e por ela se vê que o não pagamento já era problema sério em 1933, sendo a questão constitucionalizada numa tentativa de dar efetividade e moralidade ao sistema.

Boas ideias foram aventadas podendo-se aqui destacar as seguintes:

1. Responsabilização solidária do Ministro da Fazenda, bem como das autoridades e funcionários com o Poder Público;
2. Penhora de crédito orçamentário;
3. Prática de crime de responsabilidade em caso de não previsão orçamentária;

4. Possibilidade de penhora de crédito e rendas da Fazenda;
5. Possibilidade de o credor executar os bens do legislador, autoridade, ou funcionário culpado pela não abertura do crédito;
6. Não necessidade de o pagamento ser feito só no exercício seguinte, mas sim num prazo curto a contar da apresentação do precatório; e
7. Etc..

Na Constituinte de 1946 surge proposta para a retirada das regras de precatório da Constituição.

A desconstitucionalização a princípio pode parecer uma boa ideia, mas a facilidade de fazer normas infraconstitucionais e a tendência de fazê-las sempre contra o credor e a favor do contumaz devedor público faz com que se possa entender que é melhor ficar mesmo na Constituição para que esses abusos sejam feitos com um pouco mais de dificuldade.

A Constituinte de 1946 demonstrou essa predisposição contra o credor público com ideia de alguns de se fazer limitação de pagamentos, como se isso fosse necessário, pois a regra histórica tem sido o não pagamento.

Especialmente triste é a condição do expropriado, como lembrou Cunha Bueno em 1966, e é externada no conto que se encontra no fim deste livro.

A esdrúxula ideia do prazo de 1º de julho para a apresentação dos precatórios já foi apontada como nociva e protelatória no seu nascedouro.

De fato, bastava que houvesse uma previsão orçamentária genérica, como se faz com o resto tudo, para que os precatórios pudessem ser pagos, sem essa tramitação brutalmente burocrática, a qual é mero instrumento de procrastinação.

A Constituinte que deu origem à Carta de 1988 trouxe a nefasta prática dos calotes realizados por meio de parcelamentos unilaterais, os quais parecem não ter fim, pois novo parcelamento foi aprovado **por unanimidade** em dezembro de 2017, quando esse livro estava sendo finalizado. A ideia atual é empurrar o problema para 2024, o que não impede novas esticadas futuras.[45]

Visto tudo isso, deixa-se a Constituição de 1988 para outra obra devido ao fato de ela estar em vigor e, por isso, necessitar maior aprofundamento.

Observa-se por fim que, ao invés do caráter festivo do momento da promulgação da Constituição de 1988, não há nada a ser comemorado pelo credor de precatórios nesse novo período, recheado de verdadeiros calotes e atulhado por escândalos envolvendo os recursos que deveriam ser destinados ao pagamento dos precatórios.

ANEXO I -
JOÃO.[46]

(baseado em fatos reais)

Outubro de 1988. Noite. João desce do ônibus e sente a chuva fina molhar a sua cabeça já branca.

Após quatro horas em ônibus para vir do trabalho para casa, os seus velhos sapatos, embora cansados, como já conhecem o caminho, carregam João mecanicamente.

Logo ali, um disparo. João, calejado pela violência, não mais se assusta como antigamente.

Segue na favela e entra no barraco que construiu e que tem que reconstruir a cada nova chuva um pouco mais forte.

Maria, sua mulher, vem entusiasmada: "João, eu vi na TV, aprovaram a nova Constituição. O doutor Ulisses falou que a nação mudou e que só é cidadão quem tem moradia decente. Ah, João, agora sairemos daqui!"

João nem sempre morara na favela. Outrora tinha sua casa, árvores com frutas, uma pequena horta, galinhas e até um porquinho na engorda. Mas, certo dia, vieram e expulsaram João, Maria e seus oito filhos, todos pequenos. João não entendeu bem, mas parece que eles perderam tudo porque o governo iria fazer uma estrada. João recebeu uma pequena quantia do governo e veio para a Capital, pois não tinha onde morar e nem emprego com a crise do petróleo.

"Maria, você é tão crédula ...", disse João abaixando a cabeça na sua tristeza permanente.

"Não, João!", rebateu Maria, "Agora vamos receber o tal do precatório e vamos sair dessa favela. Você disse para eu não participar da passeata das Diretas Já, mas o Brasil mudou! Amanhã você vai falar com o advogado. Falte no trabalho. Isso é mais importante!"

Ainda escuro, antes de raiar o sol, João subiu em um ônibus. Decidira faltar no serviço e conversar com o doutor.

Horas depois João chegou ao escritório, viu uma plaquinha dizendo que o doutor fora ao fórum, mas voltaria.

João sentou-se na sarjeta da calçada e esperou, com o estômago lembrando-o que alguma comida ia bem, mas, sem dinheiro ...

Horas depois, vem o doutor, a pé, na sua simplicidade, pois fizera opção pelos desvalidos.

Cumprimenta João e os dois entram. Oferece a João um pouco d'água que acalma o já desesperado estômago de João.

João não se contém: "Doutor. A Maria viu na TV. Agora tudo mudou. Quando vamos receber o dinheiro da nossa casa?"

"João, não é tão simples. Eles resolveram parcelar a dívida em oito anos", esclareceu o advogado.

Na sua aflição João exclama: "Como, doutor, depois de mais de vinte anos esperando eu vou ter que esperar mais oito? E parcelaram de que jeito? Quando se parcela não tem que ser por uma combinação? Ninguém me perguntou nada!"

"Pois é, João. Vamos estudar, vamos estudar ...". Que mais poderia dizer o bom doutor?

ANEXO II - TABELAS COMPARATIVAS DOS TEXTOS ORIGINAIS DAS CONSTITUIÇÕES BRASILEIRAS.

Manteve-se a ortografia original e foram usadas cores para destacar as alterações, colocando-se observações em vermelho:

1824	1891
Art. 15. É da attribuição da Assembléa Geral XV. Regular a administração dos bens Nacionaes, e decretar a sua alienação. (OBS: primeiras restrições à penhora e venda de bens públicos. 1851 – primeiras normas infraconstitucionais restringindo)	(OBS: Nada consta.)

1934	1937	1946
Art. 182. Os pagamentos devidos pela fazenda federal, em virtude de sentença judiciária, far-se-ão na ordem de apresentação dos precatórios e à conta dos créditos respectivos, sendo vedada a designação de caso ou pessoas nas verbas legais.	Art. 95. Os pagamentos devidos pela Fazenda Federal, em virtude de sentença judiciária, far-se-ão na ordem em que forem apresentadas as precatórias e à conta dos créditos respectivos, vedada a designação de casos ou pessoas nas verbas orçamentárias ou créditos destinados àquele fim. (OBS: única vez que fala em precatória)	Art. 204. Os pagamentos devidos pela fazenda federal, estadual ou municipal, em virtude de sentença judiciária, far-se-ão na ordem de apresentação dos precatórios e à conta dos créditos respectivos, sendo proibida a designação de casos ou de pessoas nas dotações orçamentárias e nos créditos extra-orçamentários abertos para esse fim. (OBS: incluiu estados e municípios)

1967	1969	1988
Art. 112 - Os pagamentos devidos pela Fazenda federal, estadual ou municipal, em virtude de sentença judiciária, far-se-ão na ordem de apresentação dos precatórios e à conta dos créditos respectivos, proibida a designação de casos ou de pessoas nas dotações orçamentárias e nos créditos extra-orçamentários abertos para esse fim.	Art. 117. Os pagamentos devidos pela Fazenda federal, estadual ou municipal, em virtude de sentença judiciária, far-se-ão na ordem de apresentação dos precatórios e à conta dos créditos respectivos, proibida a designação de casos ou de pessoas nas dotações orçamentárias e nos créditos extra-orçamentários abertos para êsse fim.	Art. 100. À exceção dos créditos de natureza alimentícia, os pagamentos devidos pela Fazenda Federal, Estadual ou Municipal, em virtude de sentença judiciária, far-se-ão exclusivamente na ordem cronológica de apresentação dos precatórios e à conta dos créditos respectivos, proibida a designação de casos ou de pessoas nas dotações orçamentárias e nos créditos adicionais abertos para este fim.

1934	1937	1946
Parágrafo único. Esses créditos serão consignados pelo Poder Executivo ao Poder Judiciário, recolhendo-se as importâncias ao cofre dos depósitos públicos. Cabe ao Presidente da Corte Suprema expedir as ordens de pagamento, dentro das forças do depósito, e, a requerimento do credor que alegar preterição da sua precedência, autorizar o seqüestro da quantia necessária para o satisfazer, depois de ouvido o Procurador-Geral da República.	Parágrafo único. As verbas orçamentárias e os créditos votados para os pagamentos devidos, em virtude de sentença judiciária, pela Fazenda Federal, serão consignados ao Poder Judiciário, recolhendo-se as importâncias ao cofre dos depósitos públicos. Cabe ao Presidente do Supremo Tribunal Federal expedir as ordens de pagamento, dentro das forças do depósito, e, a requerimento do credor preterido em seu direito de precedência, autorizar o seqüestro da quantia necessária para satisfazê-lo depois de ouvido o procurador-geral da República.	Parágrafo único. As dotações orçamentárias e os créditos abertos serão consignados ao Poder Judiciário, recolhendo-se as importâncias à repartição competente. Cabe ao presidente do Tribunal Federal de Recursos ou, conforme o caso, ao presidente do Tribunal de Justiça expedir as ordens de pagamento, segundo as possibilidades do depósito, e autorizar, a requerimento do credor preterido no seu direito de precedência, e depois de ouvido o chefe do Ministério Público, o seqüestro da quantia necessária para satisfazer o débito.

1967	1969	1988
§ 2º - As dotações orçamentárias e os créditos abertos serão consignados ao Poder Judiciário, recolhendo-se as importâncias respectivas à repartição competente. Cabe ao Presidente do Tribunal, que proferiu a decisão exeqüenda determinar o pagamento, segundo as possibilidades do depósito, e autorizar, a requerimento do credor preterido no seu direito de precedência, e depois de ouvido o chefe do Ministério Público, o seqüestro da quantia necessária à satisfação do débito.	§ 2º As dotações orçamentárias e os créditos abertos serão consignados ao Poder Judiciário, recolhendo-se as importâncias respectivas à repartição competente. Caberá ao Presidente do Tribunal que proferir a decisão exeqüenda determinar o pagamento, segundo as possibilidades do depósito, e autorizar, a requerimento do credor preterido no seu direito de precedência, ouvido o chefe do Ministério Público, o seqüestro da quantia necessária à satisfação do débito.	§ 2º As dotações orçamentárias e os créditos abertos serão consignados ao Poder Judiciário, recolhendo-se as importâncias respectivas à repartição competente, cabendo ao Presidente do Tribunal que proferir a decisão exeqüenda determinar o pagamento, segundo as possibilidades do depósito, e autorizar, a requerimento do credor e exclusivamente para o caso de preterimento de seu direito de precedência, o seqüestro da quantia necessária à satisfação do débito. (OBS: retirou o Ministério Público)

1934 1937 1946	1967	1969	1988
(OBS: Nada consta.)	§ 1º - É obrigatória a inclusão, no orçamento das entidades de direito público, de verba necessária ao pagamento dos seus débitos constantes de precatórios judiciários, apresentados até primeiro de julho. (OBS: explicitou a obrigatoriedade da inclusão no orçamento e fixou a data limite de 1º. de julho)	§ 1º É obrigatória a inclusão, no orçamento das entidades de direito público, de verba necessária ao pagamento dos seus débitos constantes de precatórios judiciários, apresentados até primeiro de julho.	§ 1º É obrigatória a inclusão, no orçamento das entidades de direito público, de verba necessária ao pagamento de seus débitos constantes de precatórios judiciários, apresentados até 1º de julho, data em que terão atualizados seus valores, fazendo-se o pagamento até o final do exercício seguinte.

Posição Topográfica

1934	1937	1946
TÍTULO VIII - Disposições Gerais	Do Poder Judiciário - Disposições Preliminares	TÍTULO IX - Disposições Gerais

1967	1969	1988
TÍTULO I - Da Organização Nacional, CAPÍTULO VIII - Do Poder Judiciário, SEÇÃO I - Disposições Preliminares	TÍTULO I - DA ORGANIZAÇÃO NACIONAL, CAPÍTULO VIII - DO PODER JUDICIÁRIO, Seção I - Disposições Preliminares	TÍTULO IV - Da Organização dos Poderes, CAPÍTULO III - DO PODER JUDICIÁRIO, Seção I - DISPOSIÇÕES GERAIS

ANEXO III - LEGISLAÇÃO MENCIONADA NO TEXTO, MAS NÃO CONTIDA NELE.

CONSTITUIÇÃO POLÍTICA DO IMPÉRIO DO BRASIL

CARTA DE LEI DE 25 DE MARÇO DE 1824

Manda observar a Constituição Política do Império, oferecida e jurada por Sua Majestade o Imperador. Dom Pedro Primeiro, por graça de Deus, e unânime aclamação do povo, Imperador Constitucional e Defensor Perpétuo do Brasil: Fazemos saber a todos os nossos súditos que, tendo-nos requerido os povos deste Império, juntos em câmaras, que nós quanto antes jurássemos e fizéssemos jurar o projeto de Constituição, que havíamos oferecido às suas observações para serem depois presentes à nova

Assembléia Constituinte, mostrando o grande desejo que tinham de que ele se observasse já como Constituição do Império, por lhes merecer a mais plena aprovação, e dele esperarem a sua individual e geral felicidade política: Nós juramos o sobredito projeto para o observarmos e fazermos observar, como Constituição, que de ora em diante fica sendo deste Império, a qual é do teor seguinte:

Em nome da Santíssima Trindade

Art. 179. A inviolabilidade dos direitos civis e políticos dos cidadãos brasileiros, que tem por base a liberdade, a segurança individual e a propriedade, é garantida pela Constituição do Império, pela maneira seguinte:

19) Desde já ficam abolidos os açoites, a tortura, a marca de ferro quente, e todas as mais penas cruéis.

DECRETO Nº 737, DE 25 DE NOVEMBRO DE 1850.

Determina a ordem do Juizo no Processo Commercial.

Hei por bem, Usando da atribuição que me confere o art. 27 titulo unico do Codigo Commercial, Decretar o seguinte:

Art. 529. Não podem ser absolutamente penhorados os bens seguintes:

§ 1.º Os bens inalienaveis.

DECRETO Nº 2.433, DE 15 DE JUNHO DE 1859.

Mamda executar o novo Regulemanto para arrecadação de bens de defuntos e ausentes, vago e do evento.

Usando da autorisação do art. 46 da Lei nº 514 de 28 de Outubro de 1848: Hei por bem, que na arrecadação dos bens de defuntos e ausentes, vagos e do evento, se observe o Regulamento que com este baixa, assignado por Francisco de Salles Torres Homem, do Meu Conselho, Ministro e Secretario d'Estado dos Negocios da Fazenda e Presidente do Tribunal do Thesouro Nacional, que assim o tenha entendido e faça executar.

Palacio do Rio d Janeiro em quinze de Junho de mil oitocentos cincoenta e nove, trigesimo oitavo da Independencia e do Imperio.

Com a Rubrica de Sua Magestade o Imperador.
Francisco de Salles Torres Homem.

CAPITULO IV

Dos bens do evento

Art. 85. São bens do evento os escravos, gado ou bestas, achados, sem se saber do senhor ou dono a quem pertenção; o seu producto liquido deve ser recolhido á Recebedoria do Municipio da Côrte.

Art. 86. No Juizo da provedoria dos residuos, na conformidade do art. 114. § 2º da Lei de 3 de Dezembro de 1841, haverá para arrecadação, e arrematação dos bens do evento, os livros seguintes:

1º O livro das arrecadações, em que se lançarão o dia, mez e anno da achada, o nome, naturalidade, idade e signaes dos escravos achados, com todas as declarações que delles se puderem haver; a côr e signaes do gado ou bestas, o nome de quem as achou e o lugar onde forão achadas, e bem assim o valor em que forão avaliadas.

2º O livro determos, em que se lançarão as avaliações dos escravos, gado e bestas achadas, e os de arrematações dellas e das remessas do producto á recebedoria.

3º O livro dos depositos, em que se lançarão as verbas da entrada e sabida dos ditos escravos, gado e bestas do evento, que hão de ser depositadas no deposito geral.

Art. 87. Os livros de que trata o artigo antecedente serão fornecidos pelo escrivão, e abertos, rubricados e encerrados pelo Juiz.

Art. 88. Logo que forem apresentados os escravos, gado e bestas achadas, e pelas dilligencias e averiguações a que se proceder se não conseguir saber a quem pertencem, se fará immediatamente a avaliação, e verificado o lançamento nos termos do art. 86 § 1º, se remeterão ao deposito geral.

Art. 89. A avaliação será feita por peritos nomeados pelo Juiz.

Art. 90. Feita a avaliação, se passarão logo editaes, por que se chamem as pessoas que tiverem direito aos escravos, bestas e gado achados do evento, sendo 30 dias para os escravos, e 3 para o gado ou bestas; estes editaes serão affixados nos lugares publicos, e publicados nos periodicos, e deverão conter a descripção dos bens, com todos os signaes e declarações por que se possa conhecer a identidade e as circumstancias e data da achada ou entrega.

Art. 91. Findo o prazo dos editaes de que trata o artigo antecedente, serão arrematados os escravos, bestas ou gado do evento, precedendo editaes, que serão affixados na casa das audiencias, e publicados nos periodicos no dia da affixação e no da arrematação, mediando entre este e aquelle tres dias, independentemente de pregões.

Art. 92. Feita a arrematação, depois de deduzidas as despezas do Juiz e do deposito e porcentagens, se remetterá o producto liquido á Recebedoria do Municipio, regulando-se as porcentagens pelo que fica disposto no art. 82.

Art. 93. O lanço para liberdade dos escravos será preferido a qualquer outro, ainda que superior seja, desde que cubra a avaliação.

Art. 94. Se até ao acto da arrematação, e antes da entrega do objecto ao arrematante, e de recolhido o producto, comparecer o dono a reclamar, o Juiz sobrestará na arrematação ou entrega; e provando elle o seu direito, identidade de pessoa e do objecto, não terá lugar a arrematação, ou ficará ella sem effeito.

Art. 95. Se depois de concluida a arrematação, e recolhido o producto á Recebedoria do Municipio, comparecer o dono do escravo ou animal achado do evento, e justificar pelos meios competentes, no Juizo da Provedoria, o seu dominio nesse escravo ou animal, e a identidade delle, de maneira que o Juiz reconheça o seu direito, ordenará por sua sentença que se lhe entregue o producto liquido da arrematação do mesmo escravo ou animal, e lhe dará precatorio para o levantamento, na fôrma do art. 58 deste regulamento, sem que deva ser acompanhado dos autos originaes da justificação.

Nestas justificações será ouvido o Procurador da Fazenda e nas deprecadas para o levantamento terá vista no Thesouro Nacional o Procurador Fiscal.

Art. 96. O Juiz competente, quando houver de proceder na conformidade dos artigos antecedentes, ordenará que seja ouvido o Procurador da Fazenda, o qual assistirá a todos os actos do processo, e deverá requerer tudo quanto fôr conveniente á boa arrecadação, avaliação e arrematação dos bens do evento, e para que realisem as entradas do producto delles no prazo legal.

Art. 97. O escrivão do Juizo remetterá nos mezes de Janeiro e Julho de cada anno, ao Thesouro Nacional, por intermedio do respectivo Juiz, uma relação exacta dos bens do evento arrematados, com as declarações constantes dos livros competentes, acompanhada de uma conta circumstanciada das despezas de trata o art. 92.

LEI Nº 6.952, DE 6 DE NOVEMBRO DE 1981

Acrescenta parágrafos ao art. 134 da Lei nº 3071, de 1º de janeiro de 1916 - Código Civil.

O VICE-PRESIDENTE DA REPÚBLICA, no exercício do cargo de PRESIDENTE DA REPÚBLICA, faço saber que o CONGRESSO NACIONAL decreta e eu sanciono a seguinte Lei:

Art. 1º O art. 134 da Lei nº 3.071, de 1º de janeiro de 1916 - Código Civil, fica acrescido de 5 (cinco) parágrafos, com a seguinte redação:

"Art. 134.
....
....

§1º A escritura pública, lavrada em notas de tabelião, é documento dotado de fé pública, fazendo prova plena, e, além de outros requisitos previstos em lei especial, deve conter:

a) data e lugar de sua realização;

b) reconhecimento da identidade e capacidade das partes e de quantos hajam comparecido ao ato;

c) nome, nacionalidade, estado civil, profissão, domicílio e residência das partes e demais comparecentes, com a indicação, quando necessário, do regime de bens do casamento, nome do cônjuge e filiação;

d) manifestação da vontade das partes e dos intervenientes;

e) declaração de ter sido lida às partes e demais comparecentes, ou de que todos a leram;

f) assinatura das partes e dos demais comparecentes, bem como a do tabelião, encerrando o ato.

§ 2º Se algum comparecente não puder ou não souber assinar, outra pessoa capaz assinará por ele, a seu rogo.

§ 3º A escritura será redigida em língua nacional.

§ 4º Se qualquer dos comparecentes não souber a língua nacional e o tabelião não entender o idioma em que se expressa, deverá comparecer tradutor público para servir de intérprete ou, não o havendo na localidade, outra pessoa capaz, que, a juízo do tabelião, tenha idoneidade e conhecimentos bastantes.

§ 5º Se algum dos comparecentes não for conhecido do tabelião, nem puder identificar-se por documento, deverão participar do ato pelo menos 2 (duas) testemunhas que o conheçam e atestem sua identidade."

Art. 2º Esta Lei entrará em vigor na data de sua publicação.

Art. 3º Revogam-se as disposições em contrário.

Brasília, em 06 de novembro de 1981; 160º da Independência e 93º da República.

AURELIANO CHAVES
Ibrahim Abi-Ackel

REFERÊNCIAS

ALMEIDA, Candido Mendes de. Codigo Philippino ou Ordenações e Leis do Reino de Portugal Recopiladas por mandado D'El-Rey D. Philippe I. 14ª Edição Anotada. Rio de Janeiro: Typographia do Instituto Philomathico, 1870.

ALVES, Patrícia W. C. L. D. João de Almeida Portugal e a Revisão do Processo dos Távoras: conflitos, intrigas e linguagens políticas em Portugal nos finais do Antigo Regime (c.1777-18020). Tese de Doutorado. Universidade Federal Fluminense. Centro de Estudos Gerais. Instituto de Ciências Humanas e Filosofia. Departamento de História. Niterói: 2011, 330 páginas.

BRAGA, Teófilo. Viriato: Narrativa epo-histórica. S. l.: Edições Vercial, 1904.

CARDOSO, Robson. Hy Brasil. S. l.: Clube de Autores, 2016.

CERA, Cristina Tristão. O Convento do Espírito Santo do Cartaxo. In: Apontamentos de Arqueologia e Património, volume 07, pág. 58. Lisboa, Núcleo de Investigação Arqueológica, Janeiro de 2011. Revista Digital.

COSTA, Salustiano Orlando de Araújo. Codigo Commercial do Imperio do Brazil Anotado. 3ª Edição. Rio de Janeiro: Eduardo & Henrique Laemmert, 1878.

FAIM Fº, Eurípedes G.. João. Conto de ficção publicado em VENTURA, Antônio (Organizador). "O Livro da Magistratura em Verso e Prosa". Rio de Janeiro: Topbooks, 2016, págs. 104/106.

FAIM Fº, Eurípedes G.. Precatórios no Direito Comparado. O Pagamento das Condenações Judiciais Pecuniárias contra a Fazenda Pública: um Estudo entre Argentina, Brasil, Estados Unidos e Portugal. 2ª Edição. São Paulo: KDP, 2018. Publicado na primeira edição com o nome de "O Pagamento das Condenações Judiciais Pecuniárias – Precatórios. Um estudo comparado: Argentina, Brasil, Estados Unidos e Portugal". São Paulo: Instituto Paulista de Magistrados (IPAM), 2017.

FAIM Fº, Eurípedes G.. Requisitórios: Precatórios e Requisições de Pequeno Valor. Um Tema de Direito Financeiro. Tese de Doutorado. Faculdade de Direito da Universidade de São Paulo, 2014, 295 páginas.

FERREIRA, Aurélio Buarque de Holanda. Dicionário Aurélio da Língua Portuguesa. 5ª edição. Curitiba: Positivo, 2010

FRAZÃO, Fernanda. Lendas Portuguesas. Indiana: Amigos do Livro, 1989, Volume 5.

GOMES, Nadilson Portilho. Direito e religião no Brasil. In: Revista de História do Direito e do Pensamento Político do Instituto de História do Direito e do Pensamento Político da Faculdade de Direito da Universidade de Lisboa, número 01, 2010, pág. 237 a 305.

HOUAISS, Antônio e VILLAR, Mauro de Salles. Dicionário Houaiss da Língua Portuguesa. Rio de Janeiro: Objetiva, 2001.

MENEZES, Mozart V.. Colonialismo em Ação. Fiscalismo, Economia e Sociedade na Capitania da Paraíba (1647 – 1755). Tese de Doutorado. Universidade de São Paulo. Faculdade de Filosofia, Letras e Ciências Humanas. Departamento de História. São Paulo: 2005, 300 páginas.

MENEZES, Mozart V.. Colonialismo em Ação. Fiscalismo, Economia e Sociedade na Capitania da Paraíba (1647 – 1755). Tese de Doutorado. Universidade de São Paulo. Faculdade de Filosofia, Letras e Ciências Humanas. Departamento de História. São Paulo: 2005, 300 páginas.

MONTEIRO, Nuno Gonçalo in RAMOS, Rui (coordenador). História de Portugal. 6ª edição. Lisboa: A Esfera dos Livros, 2009.

PESSOA, Fernando. Mensagem: disponível em

http://www.dominiopublico.gov.br/download/texto/pe000004.pdf. . Acesso dia 08.12.2017

PORTUGAL. Reino. Collecção Chronologica de Leis Extravagantes, posteriores à nova compilação das Ordenações do Reino, publicadas em 1603 deste ano até o de 1761, por Resolução de S. Magestade de 02 de Setembro de 1786. Coimbra: Real Imprensa da Universidade, 1819.

SILVA, Nuno J. Espinosa Gomes da. História do Direito Português. 4ª. Edição. Lisboa: Fundação Calouste Gulbenkian, 2006.

SILVA, Rogério Souza. "Antônio Conselheiro: a Fronteira entre a Civilização e a Barbárie". São Paulo: Annablume, 2001.

SOUZA, Laura de Mello e. In NOVAIS, Fernando A.. VVAA. História da Vida Privada no Brasil. São Paulo: Companhia das Letras, 1997.

VIANNA, Francisco José de Oliveira. Instituições Políticas Brasileiras. Brasília: Conselho Editorial do Senado Federal, 1999. Original de 1949.

VIEIRA, Padre Antônio. A História do Futuro: disponível em http://noticias.universia.com.br/net/files/2017/2/10/historia-do-futuro-vol-i-de-padre-antonio-vieira.pdf e http://noticias.universia.com.br/net/files/2017/2/10/historia-do-futuro-vol-ii-de-padre-antonio-vieira.pdf. Acesso dia 08.12.2017.

VIEIRA, Padre Antônio. Sermão do Esposo da Mãe de Deus: disponível em http://www.literaturabrasileira.ufsc.br/documentos/?action=download&id=37388. Acesso dia 08.12.2017

PRINCIPAIS PÁGINAS VISITADAS NA INTERNET.

Anais das Assembleias Nacionais Constituintes http://bd.camara.gov.br/bd/handle/bdcamara/6/browse

Arquivo Nacional da Torre do Tombo. Secretaria de Estado da Cultura de Portugal. Direcção-Geral do Livro, Arquivos e Bibliotecas. <http://antt.dgarq.gov.pt/>

Arquivos. Secretaria de Estado da Cultura. Governo de Portugal. <http://arquivos.dglab.gov.pt/>

Domínio Público http://www.dominiopublico.gov.br/

History Ireland http://www.historyireland.com/.

Núcleo de Investigação Arqueológica. http://www.nia-era.org/index.php.

O Portal de História (Portugal) http://www.arqnet.pt/

Senado Federal – Biblioteca – Obras raras: http://www2.senado.leg.br/bdsf/item/id/4

LEGISLAÇÃO USADA NO TEXTO.

Constituição Política do Império do Brasil de 1824

Constituição da República dos Estados Unidos do Brasil de 1891

Constituição da República dos Estados Unidos do Brasil de 1934

Constituição dos Estados Unidos do Brasil de 1937

Constituição dos Estados Unidos do Brasil de 1946

Constituição da República Federativa do Brasil de 1967

Emenda Constitucional nº 1 de 1969

Alvará nº 120 de 1863

Alvará nº 391 de 1863

Código Civil Brasileiro - Lei 3.071/1916

Codigo Commercial do Império - Lei 556/1850

Código de Processo Civil de 1939, Decreto-lei 1.608 de 18 de setembro de 1939.

Código de Processo Civil e Commercial do Estado de São Paulo, Lei nº 2.421/1930.

Código do Processo Civil e Commercial do Estado da Bahia, Lei nº 1121/1915.

Consolidação das Leis processuais referentes à Justiça Federal. Decreto Federal 3.084/1898

Consolidação do Processo Civil do Império

Decreto 20.910/1932

Decreto 2433/1859

Decreto 737/1850

Decreto 93.872/1986

Decreto nº 2433/1859

Decreto nº 3.084/1898

Decreto nº 737/1850

Decreto-lei 1.608 de 18 de setembro de 1939

Decreto-lei 201/1967

Decreto-lei 3.689/1941

Decreto-lei 4597/1942

Decreto-Lei nº 201/1967

Lei nº 556/1850

Lei Baiana nº 1121/1915

Lei Paulista n.º 2.421/1930

FONTE DAS IMAGENS.

Capa: Mixagem de imagens disponíveis em: https://www.pexels.com/, editadas pelo autor. Acesso dia 28.11.2017. Mixagem por Eurípedes Gomes Faim Filho.

Início do capítulo 01: Imagem disponível em https://www.pexels.com/photo/portugal-lisbon-monument-to-the-discoveries-explorers-34102/. Acesso dia 28.11.2017.

Início do capítulo 02: Imagem disponível em https://pixabay.com/pt/monarquia-brasileira-brasil-imp%C3%A9rio-1650676/

Início do capítulo 03: Imagem disponível em https://commons.wikimedia.org/wiki/File:CF_-_1891_(cropped).jpg. Acesso dia 28.11.2017

Início da conclusão: Imagem disponível em https://www.flickr.com/photos/agenciasenado/37023751884/

Início do conto "João". Imagem disponível em https://commons.wikimedia.org/wiki/File:1_rocinha_favela_closeup.JPG.

ÍNDICE ALFABÉTICO, REMISSIVO E ONOMÁSTICO.

Ada Pellegrini Grinover, 31
Afonsinas, ordenações, 7
Agiotas, 39
Alcácer Quibir, batalha de, 3
ALFREDO SÁ, 43
Alvará 120 de 1863, 23
Alvará 391 de 1863, 23
Animais, 24
Anteprojeto de Constituição do Governo provisório, 35
Antônio Carlos de Araújo Cintra, 31
Antônio Conselheiro, 3
ANTÓNIO DE MATOS, 11
ARNALDO FARIA DE SÁ, 46
Assembleia Nacional Constituinte, 53
ATALIBA NOGUEIRA, 43
Autoridade, penhora de bens da, 38
Autoridades e funcionários responsáveis pelo

sistema de precatórios, 37
Auxiliares do ministro, 42
Bancos, 39
Benefícios previdenciários, exclusão dos do sistema de precatórios, 45
Bens do Evento, 24
Bens inalienáveis, 23, 25
Bens públicos, 29
Bens públicos, inalienabilidade dos, 22
BERNARDO CABRAL, 47
BIAS FORTES, 43
Camaras Municipais, 23

CANDIDO MENDES DE ALMEIDA, 15
Cândido Rangel Dinamarco, 31
CÉSAR MAIA, 47
Código Civil Português de 1867, 13
Código Civil, Lei 3.071 de 1º de janeiro de 1916, 13
Codigo Comercial do Império, 23
Código de Processo Civil de 1939, 50
Código de Processo Civil de 1973, 53
Código do Processo Civil e Commercial do Estado da Bahia, 32

Código Paulista de Processo Civil e Commercial, 32

Codigo Philippino, 23

Códigos de processo estaduais, 49

Coisa julgada, 46

Coleção de Obras Raras do Senado, 4

Collecção Chronologica de Leis Extravagantes, posteriores à nova compilação das Ordenações do Reino, 16

Condenações judiciais, 22

Conselho da Fazenda, 12

Consignação dos créditos para o Judiciário, 41

Consolidação das Leis processuais referentes à Justiça Federal, 29

Consolidação do Processo Civil do Império, 25

Constituição Cidadã, 45

Constituição de 1891, 28

Constituição de 1934, 48

Constituição de 1946, 52

Constituição de 1967, 52

Constituição de 1988, 53

Constituição Imperial de 1824, 12

Constituição outorgada em 1937, 49

Constituinte da Constituição de 1934, 35

Constituinte de 1823, 19

Constituinte de 1934, surgimento repentino do sistema de precatórios, 2

Constituinte de 1966, 44

Constituinte republicana, primeira, 28

Constituintes, anais das, 4

Contos do Reino, 12

Coração do sistema de precatórios, 22

Coroa Portuguesa, 7

Correção monetária, 47

Corte Máxima, 50

Cortes Portuguesas, 18

Créditos *"extra-orçamentários"*, 52

Créditos adicionais ou suplementares, 45

Credores públicos munidos de sentença seriam privilegiados, 44

Crime de responsabilidade, 37

CUNHA BUENO, 44

D. PEDRO I, 18

Data limite de 1º de julho, abolição da, 45

Débitos alimentares, 46

Decreto 2433 de 15 de julho de 1859, 24

Decreto 737 de 25 de Novembro de 1850, 22

Decreto Federal 3.084 de 05 de novembro de 1898, 29

Decreto-lei 1.608 de 18 de setembro de 1939, 50

Desapropriações, 44

Desejado, retorno do, 3

Despesas públicas, 22

Directório do Juízo Fiscal e Contencioso dos Feitos da Fazenda, 25

Direito adquirido, 46

Direito Financeiro, 52, 53

Direito Fiscal, 11

Direito processual, 29

Direito Processual, 50, 53

Direito Público, 53

Displicência superior do devedor, 39
Ditadura, 49
Dívida pública, 28
Dom Sebastião, 3
Dotações orçamentárias, 52
Dualidade de legislação processual, 49
Economia nacional, 46
El-Rei, 7
Emenda Constitucional 62/2009, 41
Emenda Constitucional nº 26 de 27 de novembro de 1985, 53
Emenda Constitucional número 01 de 1969, 53
Endividamento público, 46
Escravos, 24
Especificação de casos e designações de pessoas, 42
Estado de Direito, 47
Estado Novo, 49
FARABULINI JÚNIOR, 47
Fazenda Pública, 32, 51
Fazendas dos Estados, Distrito Federal e Municípios, 37

Fazendas Públicas dos Estados e Municípios, 52
FERREIRA DE SOUSA, 42
Filipinas, ordenações, 7
FLORES DA CUNHA, 43
FRANCISCO WILDO LACERDA DANTAS, 7, 26
Funcionário, penhora de bens do, 38
Getúlio Vargas, 49
GUILHERME PALMEIRA, 46
HENRIQUES DE MATOS, 11
Hy Brasil, mítica ilha de, 2

impenhorabilidade, 25
Impenhorabilidade, 7, 22, 23, 25, 29
Império Português, 11
Impessoalidade, 42
Impessoalidade da Administração, 36
Impunidade, 38
Inadimplência estatal, 44
Indenização, prévia e justa, 44
Inflação, 47
Instrução Normativa de 10 de abril de 1851, 25
Invencível Armada, 3
Isonomia, princípio da, 36, 46

J. Ferreira de Souza, 38
José Alkmin, 43
José Egreja, 46
José Martiniano de Alencar, 19
José Martins Catharino, 7, 25
José Otávio de Vianna Vaz, 25
José Yunes, 47
Juiz do Cível de Lisboa, 11
Juízo dos Feitos da Fazenda, 12
Juros de mora, 44
Justiça Federal, 29
Legislador, penhora de bens do, 37
Lei 556 de 25 de junho de 1850, 23
Lei Baiana n° 1121 de 21 de agosto de 1915, 32
Lei Federal 6.952/1981, 13
Lei n° 4.320/1964, 52
Lei Paulista n° 2.421 de 14 de janeiro de 1930, 32
Levindo Coelho, 43
Limitação ao montante do pagamento anual, 43
Manuelinas, ordenações, 7
Ministro da Fazenda, 37, 43
Moralidade, 42
Obrigatoriedade da

inclusão de verbas nos orçamentos, 37
Oficiais da Casa da Índia, 11
OLAVO OLIVEIRA, 44
Orçamento, 22, 28
Ordem cronológica, 37
Ordem cronológica dos precatórios, 46
Ordem do juizo no processo commercial, 23
Ordenações Afonsinas, 7
Ordenações Filipinas, 12
Ordenações Manuelinas, 11
Pagamento em noventa dias a contar da ciência do órgão devedor com verba prevista no orçamento por estimativa, 45
Pagamento ser feito só no exercício seguinte, 41
Parcelamento unilateral, 46
PAULO MACARINI, 46
Penhora de bens públicos, 7
penhora de crédito e rendas da Fazenda, 37
Penhora de crédito e rendas da Fazenda, 37
Penhora do crédito orçamentário., 37
Pérfido Galego, 3

Pindorama, 3
Poder Legislativo, 39
Poder Público, 39
Poderes,
   independência dos, 47
Poderosos do dia, 42
PONCE DE ARRUDA, 43
PONTES VIEIRA, 41
Portugal, 7
Prazo de 1º de julho, 44
Prazos dilatados, 39
Precatório de mercê, 7
Precatorio e Mandado, 23
Primeiro de julho de cada ano para a apresentação dos precatórios judiciais, 52
Princípio Republicano, 36
Procurador Fiscal, 25
Quinto Império, 4
Recebedoria do Município, 24
Regimento dos Contos do Reino e Casa, 12
Regimentos e Ordenações da Fazenda, 11
Rendas públicas, 30
Rendas públicas municipais, penhorabilidade das, 34
Responsabilidade solidária passiva, 37

Retirada do tema dos precatórios da Constituição, 43
Sebastianismo, 3
Sem teto, 45
Sequestro, 34, 49
Sisa, 10
Supremo Tribunal Federal, 44, 50
Tesouraria, 25
Títulos especiais da dívida pública, 46
Torre do Tombo, 4, 7

Três reis, batalha dos, 3
Tribunal de Apelação, 51
Tribunal de Justiça, 51
Valor exato dos precatórios, 45
Vedores da Fazenda, 12
VIRGÍLIO GALASSI, 46
Viriato, 3

SOBRE O AUTOR.

EURÍPEDES GOMES FAIM FILHO é Doutor e Mestre em Direito pelo Departamento de Direito Econômico, Financeiro e Tributário da Faculdade de Direito do Largo de São Francisco da Universidade de São Paulo. Desembargador nos termos do Provimento 2376/2016 do Conselho Superior da Magistratura do Tribunal de Justiça do Estado de São Paulo. Juiz de Direito S. em Segundo Grau e magistrado desde 1989. Atuando hoje na 15ª Câmara da Seção de Direito Público. Professor e coordenador de Cursos de Pós-graduação da Escola Paulista da Magistratura. Professor eventual da Escola Superior do Ministério Público do Estado de São Paulo, da Advocacia Geral da União e da Procuradoria Geral do Estado de São Paulo. Ex-membro do Núcleo de Planejamento e Gestão do

Tribunal de Justiça do Estado de São Paulo por duas gestões. Ex-professor da Faculdade de Direito da UNESP onde iniciou em 1988 e em outras faculdades. Autor de livros e artigos publicados.

EURÍPEDES GOMES FAIM FILHO is Doctor (J. D. – PhD) and Master (LLM) in Law by the Department of Economic, Financial and Tax Law of the University of São Paulo´s Saint Francis' Square Law School. Justice according to Regulation 2376/2016 of the Superior Council of Justices of São Paulo State Supreme Court of Justice. Law Judge since 1989, working today in the 15th Chamber of Public Law Section. Professor and coordinator of postgraduate courses at Paulista Judges and Justices' School. Eventual professor at the Superior School of the Public Prosecution Service of the State of São Paulo, at the Advocacy-General of the Union and at the São Paulo State's Procuracy-General. Former member of the Nucleus of Planning and Management of São Paulo State Supreme Court of Justice for two administrations. Former professor at Paulista State University (UNESP)'s Law School, starting in 1988, as well as in other law schools. Author of books and articles published.

Para contato / For contact: faimf@usp.br

Página no Facebook / Facebook Page: https://www.facebook.com/Parafalardedireitopublico/

Página no Linkedin / Linkedin Page: https://www.linkedin.com/in/eur%C3%ADpedes-g-faim-f-12a50868/

LIVROS DO AUTOR JÁ PUBLICADOS.

"Grandes autoridades do direito afirmam que o sistema de precatório é uma exclusividade brasileira, não existindo nada igual em nenhum lugar do mundo.

Neste trabalho, vê-se que o autor foi a fundo na análise dos fatos e fez extensa pesquisa científica para descobrir que não é bem assim, como se verá nesta obra que agora chega às mãos dos leitores.

Em seu detalhado estudo, analisou a legislação, doutrina e jurisprudência de quatro países: argentina, Estados unidos, Portugal e Brasil, além de muitas Constituições de outros Estados, o que permite ter uma visão sobre como realmente estão construídos os sistemas semelhantes nos demais ordenamentos jurídicos, tendo destacado aqueles que têm inegável relevância.

Esse livro é uma leitura enriquecedora para quem quer se aprofundar no tema dos precatórios e foi escrito com rigor científico, profunda e bem

sistematizada pesquisa, evidenciando qualidades que são próprias do autor desta obra."
(Do Prefácio de José Maurício Conti, Professor da Universidade de São Paulo)
"Great authorities of the law affirm that the system used in Brazil to pay what Public Treasury owes because of judicial decisions is a Brazilian exclusivity, and that there is nothing equal it anywhere in the world.
In this work, we see that the author has thoroughly analyzed the facts and made extensive scientific research to discover that it is not quite like this, as will be seen in this work that now reaches the hands of readers.
In his detailed study, the author analyzed the legislation, doctrine and jurisprudence of four countries: Argentina, the United States, Portugal and Brazil, as well as many Constitutions of other States, which gives an insight into how similar systems actually work in other jurisdictions. The author has highlighted those countries of undeniable relevance to Brazil.
This book is an enriching reading for those who want to understand better this system of payment and was written with scientific rigor, deep and well systematized research, evidencing qualities that are proper to the author of this work.
(From the preface of José Mauricio Conti, Professor at São Paulo State University)

Os precatórios são parte do processo de execução de sentenças ou acórdão em que houve condenação do Poder Público a pagar uma quantia em dinheiro.

Este livro trata da evolução histórica dos precatórios no Brasil, começando um pouco antes do Brasil Colônia, passando pelo Império e finalizando no período republicano.

Aqui se analisa textos antigos da Torre do Tombo de Portugal, obras raras do Senado Federal do Brasil, anais das constituintes, desde a imperial, embora tenha acabado gorando, até a de 1987 e respectivas Constituições e normas infraconstitucionais, analisando-se os fatos ocorridos em relação ao que acontece agora.

Essa história é muito ilustrativa do que tem sido o nosso "Estado de Direito", o respeito ao Judiciário e aos cidadãos por partes dos detentores do poder.

Edmund Burke disse com razão que "Um povo que não conhece a sua história está condenado a repeti-la". Por aí se vê a importância do conhecimento que se traz aqui, principalmente para que os acontecimentos que tem assolado o

Brasil a respeito dos precatórios possam um dia parar de se repetirem.

"Precatórios" is the name in Portuguese of a part of the enforcement process of a judgment in which there was a conviction of the Public Power to pay a sum in cash.

This book deals with the historical evolution of the "precatórios" in Brazil, beginning a little before the colonial period, passing through the Empire and ending in the Republic.

Here we analyze ancient texts of the Tower of Tombo of Portugal, rare books of the Federal Senate of Brazil, annals of the constituents, from the imperial, although it ended up closed, until 1987 and respective Constitutions and laws, analyzing the facts occurred in relation to what happens now.

This history is very illustrative of what has been our "rule of law" system, respect for the Judiciary and citizens by the holders of power in our country.

Edmund Burke rightly said, "A people who do not know their history are doomed to repeat it." By this sentence we perceive the importance of the knowledge that is brought here, especially so that the events that have plagued Brazil about the "precatórios" may one day stop repeating themselves.

"LIVRO [...] QUE SEGURAMENTE É O MAIS COMPLETO SOBRE PRECATÓRIOS HOJE EXISTENTE NO MERCADO EDITORIAL. [...] a ABORDAGEM FEITA NESTE LIVRO É INOVADORA, e ilumina aquele que é um dos aspectos mais importantes e ao mesmo tempo obscuro dos precatórios." (do prefácio de José Maurício Conti, Professor Doutor e Livre Docente em Direito Financeiro da Universidade de São Paulo) (grifo nosso). Este livro analisa os precatórios e requisições de pequeno valor que são parte da execução das condenações judiciais pecuniárias contra a Fazenda Pública. Com este livro se completa a publicação da tese de doutorado defendida pelo autor e aprovada em 2014 no Departamento de Direito Econômico, Financeiro e Tributário da Faculdade de Direito do Largo de São Francisco da Universidade de São Paulo e que aqui é apresentada revisada, corrigida e ampliada. A tese foi publicada em três partes e o motivo de se dividir a publicação em três é que se intencionou destacar pontos mistificados relativamente aos precatórios e dar ênfase a seus aspectos pouco conhecidos, principalmente os relativos ao Direito Financeiro. A parte da publicação contida neste livro mantém

basicamente o que constou na tese, parando este estudo, portanto, no ano em que a tese foi apresentada e isso porque as alterações posteriores serão objeto de outro livro, mas cujo conteúdo não repetirá o que consta aqui. Conservou-se assim porque quase tudo que está aqui exposto ainda vale. Além disso, a outra parte mantém seu interesse pela regra do "tempus regit actum", claro que de acordo com a modulação realizada pelo Supremo Tribunal Federal. Outro motivo de se preservar o conteúdo básico original é que um dos objetivos da série consiste em mostrar como ocorreu o desenvolvimento dos precatórios dos seus primórdios até hoje e a não publicação do que aqui consta geraria um hiato. Neste texto tentou-se tratar de quase tudo que há para se discutir sobre o assunto e se diz "quase" porque a criatividade humana é grande demais para se conter em uma obra. Este livro vai além do que normalmente se estuda, pois trata das minúcias que regem o orçamento público prevendo dificuldades que podem surgir tanto na sua elaboração quanto na sua execução e propondo possíveis soluções. Ainda no Direito Financeiro, o livro estuda a dívida pública e as formas de controle, tratando bem mais do que apenas dos tribunais de contas. Tudo isso sem descuidar das outras regras que tratam dos precatórios e requisições de pequeno valor e isso na legislação, jurisprudência e doutrina.
"This BOOK SURELY IS THE MOST COMPLETE ON ITS SUBJECT EXISTING IN

THE EDITORIAL MARKET TODAY. [...] THE APPROACH MADE IN THIS BOOK IS INNOVATIVE, and it brings light to one of the most important and at the same time obscure aspects of the system by which the Government should pay its debts recognized by a court ruling." (from the preface by José Maurício Conti, PhD and Professor of Public Financial Law at São Paulo University (USP)) (emphasis added). This book completes the publication of the doctoral thesis defended by its author and approved in 2014 in the Department of Economic, Public Finance and Tax Law of Largo de São Francisco's Law School of São Paulo University (USP) and here it was revised, corrected and expanded.

Este livro trata a respeito do imposto sobre a propriedade predial e territorial urbana (IPTU), mas o faz de tal forma que serve como um verdadeiro manual de Direito Tributário.

Por exemplo, além de tratar de pontos específicos do IPTU, muito é esclarecido a respeito da base de cálculo, confisco, capacidade contributiva, alíquota (um capítulo inteiro em que são explicadas seis modalidades de alíquota) e da progressividade (com dezoito tipos tratados em um capítulo inteiro).

Além disso, o texto menciona outros tributos constantemente.

Assim, este livro é atual na sua maior parte, servindo bem para solucionar vários problemas que podem surgir na aplicação do Direito.

This book is about Brazilian urban building and land property tax (UBLT), but it serves as a true manual of Tax Law.

For example, besides UBLT, the book explains a lot about assessment bases, confiscation, contributive capacity, rates (an entire chapter in which six types of rates are explained) and progressivity (with eighteen types studied in an entire chapter).

In addition, the text mentions other taxes constantly.

Thus, this book is up to date in most part, serving well to solve various problems that may arise in Law cases.

---

[1] SOUZA, Laura de Mello e. In NOVAIS, Fernando A.. VVAA. História da Vida Privada no Brasil. São Paulo: Companhia das Letras, 1997, pág. 441, Volume I.

[2] A banca examinadora foi composta pelos seguintes professores doutores: JOSÉ MAURICIO CONTI, orientador (Professor Associado do Departamento de D. Econômico, Financeiro e Tributário da FADUSP); ESTEVÃO HORVATH (Professor Associado do Departamento de D. Econômico, Financeiro e Tributário da FADUSP); MÔNICA HERMAN SALEM CAGGIANO (Professora Associada do Departamento de Direito do Estado da FADUSP); FERNÃO BORBA FRANCO (Desembargador do Tribunal de Justiça do Estado de São Paulo e Coordenador-Adjunto da Coordenadoria da DEPRE - Diretoria de Execução de Precatórios); LUÍS PAULO ALIENDE RIBEIRO (Desembargador do Tribunal de Justiça do Estado de São Paulo e Coordenador da Coordenadoria da DEPRE - Diretoria de Execução de Precatórios).

[3] A maior parte da tese foi publicada no livro que trata dos aspectos constitucionais e financeiros dos precatórios e requisições de pequeno valor.

A outra parte que se quis destacar trata do Direito Comparado e esse destaque foi feito em razão do mito de que o fenômeno do precatório seria uma exclusividade brasileira, uma "jabuticaba jurídica".

Esses livros e este fazem parte da série "Precatórios e Requisições de Pequeno Valor".

[4] Vide http://www.historyireland.com/medieval-history-pre-1500/what-is-hy-brasil/. Acesso dia 08.12.2017. Também: CARDOSO, Robson. Hy Brasil. S. l.: Clube de Autores, 2016.

Existe grande possibilidade de que o nome do Brasil

advenha do nome dessa ilha e não do pau-brasil. Nesse ponto é interessante observar que Pero de Magalhães Gândavo no seu livro de 1576 menciona quatro vezes "pau do Brasil" e apenas uma vez "pau-brasil", sendo possível se entender que a primeira expressão se referiria a uma madeira de um lugar chamado Brasil. (Tratado da Terra do Brasil e História da Província de Santa Cruz com notas. Edição em e-book da Amazon. S. l.: s. e., 1576).

[5] Pindorama significa "país ou região das palmeiras" em língua tupi e era o nome que os indígenas davam ao Brasil. Vide HOUAISS, Antônio e VILLAR, Mauro de Salles. Dicionário Houaiss da Língua Portuguesa. Rio de Janeiro: Objetiva, 2001, pág. 2214; e FERREIRA, Aurélio Buarque de Holanda. Dicionário Aurélio da Língua Portuguesa. 5ª edição. Curitiba: Positivo, 2010, pág. 1636.

[6] Herói da tribo dos lusitanos que resistiu bravamente contra os romanos. Vide a respeito: BRAGA, Teófilo. Viriato: Narrativa epo-histórica. S. l.: Edições Vercial, 1904.

[7] Referência a Dom Afonso Henriques, primeiro rei de Portugal e terror dos mouros. Vide: FRAZÃO, Fernanda. Lendas Portuguesas. Indiana: Amigos do Livro, 1989, Volume 5, pág. 66.

[8] Antônio Conselheiro acreditava na crença milenarista do retorno de Dom Sebastião. Dom Sebastião foi rei de Portugal desaparecido na batalha de Alcácer Quibir e cognominado "o Desejado". A esse respeito vide SILVA, Rogério Souza. "Antônio Conselheiro: a Fronteira entre a Civilização e a Barbárie". São Paulo: Annablume, 2001, pag. 193.

[9] A "Invencível Armada" consistiu na união da armada espanhola com a portuguesa para a tentativa de invasão da Inglaterra ocorrida em 1588. Essa união foi possível devido à União Ibérica estabelecida sob a coroa de Espanha. Embora invencível, ela foi derrotada pelos ingleses após ser atingida por mau tempo. Vide:

MONTEIRO, Nuno Gonçalo in RAMOS, Rui (coordenador). História de Portugal. 6ª edição. Lisboa: A Esfera dos Livros, 2009, pág. 284.
[10] Crença estabelecida pelo Padre Antônio Vieira no seu "Sermão do Esposo da Mãe de Deus" e também na sua "História do Futuro" pela qual o Império Português seria o quinto império global com poderes espirituais e temporais e que seria comandado pelo Encoberto, outro dos nomes de Dom Sebastião. Fernando Pessoa também menciona o Quinto Império no seu poema "Mensagem". Isso se aplica ao Brasil porque ele fazia parte do Império Português quando da criação da ideia.
A História do Futuro: disponível em http://noticias.universia.com.br/net/files/2017/2/10/historia-do-futuro-vol-i-de-padre-antonio-vieira.pdf e http://noticias.universia.com.br/net/files/2017/2/10/historia-do-futuro-vol-ii-de-padre-antonio-vieira.pdf. Acesso dia 08.12.2017.
Mensagem: disponível em http://www.dominiopublico.gov.br/download/texto/pe000004.pdf.
"Sermão do Esposo da Mãe de Deus": disponível em http://www.literaturabrasileira.ufsc.br/documentos/?action=download&id=37388. Acesso dia 08.12.2017
[11] Execução Contra a Fazenda Pública – Regime de Precatório. 2ª. Edição. São Paulo: Método, 2010.
[12] Do Precatório. São Paulo: LTR, 2000, pág. 11.
José Otávio de Vianna Vaz também menciona o "precatório de mercê" na sua obra "O Pagamento de Tributos por Meio de Precatórios." Belo Horizonte: Del Rey, 2007.
[13] PORTUGAL. Secretaria de Estado da Cultura. Direcção-Geral do Livro, Arquivos e Bibliotecas. Arquivo Nacional da Torre do Tombo. < http://antt.dglab.gov.pt/ >. Acesso dia 09.12.2017.
[14] Vedor: Inspetor, fiscal, intendente, entre outros usos.

Conforme: Novo Aurélio Século XXI. O Dicionário da Língua Portuguesa. Dicionário Eletrônico em CD-ROM. 3.0 Versão. Rio de Janeiro: Nova Fronteira e Lexikon Informática, s. d..
[15] <http://digitarq.dgarq.gov.pt/details?id=3767916>. Acesso dia 09.12.2017.
[16] <http://digitarq.dgarq.gov.pt/details?id=3792719>. Acesso dia 09.12.2017.
[17] CERA, Cristina Tristão. O Convento do Espírito Santo do Cartaxo. In: Apontamentos de Arqueologia e Património, volume 07, pág. 58. Lisboa, Núcleo de Investigação Arqueológica, Janeiro de 2011. Revista Digital. <www.nia-era.org/publicacoes/doc_download/7-apontamentos-7>. Acesso dia 09.12.2017.
[18] <http://digitarq.dgarq.gov.pt/details?id=3770057 >. Acesso dia 09.12.2017
[19] Esse e os dois parágrafos acima, conforme: MENEZES, Mozart V.. Colonialismo em Ação. Fiscalismo, Economia e Sociedade na Capitania da Paraíba (1647 – 1755). Tese de Doutorado. Universidade de São Paulo. Faculdade de Filosofia, Letras e Ciências Humanas. Departamento de História. São Paulo: 2005, 300 páginas, pág. 26.
[20] ALVES, Patrícia W. C. L. D.. João de Almeida Portugal e a Revisão do Processo dos Távoras: conflitos, intrigas e linguagens políticas em Portugal nos finais do Antigo Regime (c.1777-18020). Tese de Doutorado. Universidade Federal Fluminense. Centro de Estudos Gerais. Instituto de Ciências Humanas e Filosofia. Departamento de História. Niterói: 2011, 330 páginas, pág. 87/88
[21] Conforme: SILVA, João Teodoro da. Instrumento Público x Instrumento Particular – Vantagens, Desvantagens, Coexistência – Reflexo Na Segurança Jurídica. III Seminário Luso-Brasileiro de Direito Registral Imobiliário. 16 e 17 de outubro de 2008. Disponível em <https://lusobrasileiro.files.wordpress.com/2008/10/joao-teodoro-da-silva-valorizacao-da-escritura-publica.pdf>

pág. 03. Acesso dia 09.12.2017.
²² Conforme: SILVA, Nuno J. Espinosa Gomes da. História do Direito Português. 4ª. Edição. Lisboa: Fundação Calouste Gulbenkian, 2006, pág. 368.
²³ Codigo Philippino ou Ordenações e Leis do Reino de Portugal Recopiladas por mandado D'El-Rey D. Philippe I. 14ª Edição Anotada. Rio de Janeiro: Typographia do Instituto Philomathico, 1870, cinco volumes.
²⁴ Codigo Philippino: Primeiro Livro: 1) pág.35 (duas vezes nessa página); 2)pág.140; 3) pág.338; 4) pág.338; 5) pág.338; 6) pág.338; 7) pág.345; 8) pág.349; 9) pág.393; 10) pág.401; Segundo Livro: 1) pág.505; 2)pág.427; Terceiro Livro: 1) pág.733; Quarto Livro: 1) pág.1137; e Quinto Livro: 1) Appendice, Precatorio e Mandado. pág.1410.
²⁵ Conforme: GOMES, Nadilson Portilho. Direito e religião no Brasil. In: Revista de História do Direito e do Pensamento Político do Instituto de História do Direito e do Pensamento Político da Faculdade de Direito da Universidade de Lisboa, número 01, 2010, pág. 237 a 305. Página da citação: 271.
²⁶ Coimbra: Real Imprensa da Universidade, 1819.
²⁷ Collecção Chronologica: Primeiro Livro: 1) pág.51; 2) pág.176; 3)pág.291; 4) pág.309; pág.395; 5) pág.438; 6) pág.305(duas vezes nessa página); 7) pág.365; 8)pág.438; (duas vezes nessa página); 9) pág.601(duas vezes nessa página). Segundo Livro: 1) pág.177; 2) pág.326; 3) pág.327; 4) pág.441; 5) pág.481; 6) pág.154; 7) pág.326; 8) pág.336. Terceiro Livro: 1) Decretos. pág.128; 2) pág.175; 3) pág.91; 4) Decretos. pág.128; 5) Decretos. pág.128; 6) pág.297; (duas vezes nessa pág.) ; 7) pág.118; 8) pág.369. Quarto Livro: 1) pág.218; 2) pág.220(duas vezes nessa página). Quinto Livro: 1) pág.78; 2) pág.507; 3) pág.38; 4) pág.40; 5) pág.105; 6) pág.562; 7) pág. 566; e 8) pág.563.
²⁸ Lei de 20 de Outubro de 1823. Disponível em < http://www2.camara.leg.br/legin/fed/lei_sn/anterioresa182

4/lei-40951-20-outubro-1823-574564-publicacaooriginal-97677-pe.html>. Acesso dia 09.12.2017.

[29] Disponível em <http://imagem.camara.gov.br/prepara.asp?Datain=&txPagina=&txSuplemento=&BtData=Pesquisa&opcao=9&selCodColecaoCsv=C&selDataIni=17/04/1823&selDataFim=11/11/1823&xDataIn=&xCbEvento=&xCbComissao=&xCbDoc=&xCbSubTipoDoc>. Acesso dia 09.12.2017.

[30] COSTA, Salustiano Orlando de Araújo. Codigo Commercial do Imperio do Brazil Anotado. 3ª Edição. Rio de Janeiro: Eduardo & Henrique Laemmert, 1878, pág. 646

[31] Codigo Commercial do Brazil: 1) pág.199; 2) pág.209; 3) Appendice pág.552; 4) Decreto N. 737 de 1850 pág.553; 5) Appendice. pág.564; e 6) Decreto. pág.641.

[32] Obra citada, Volume I, pág. 349.

[33] RIBAS, Antonio Joaquim e RIBAS, Julio A. Consolidação do Processo Civil Commentada. Rio de Janeiro: Dias da Silva Junior Typographo, 1879, pág. 370.

[34] Do Precatório. São Paulo: LTR, 2000, pág. 11.

[35] O Pagamento de Tributos por Meio de Precatórios. Belo Horizonte: Del Rey, 2007. Obra citada, pág. 81

[36] O Sistema de Precatórios e a Efetividade do Processo. In Revista da AJUFE, Associação dos Juízes Federais, ano 20, número 66. Disponível em < http://www.trf5.gov.br/documento/?arquivo=Francisco+Wildo++O+sistema+dos+precat%F3rios+e+a+efetividade+do+processo.pdf&tipo=p03>. Acesso dia 07 de dezembro de 2013.

[37] Teoria Geral do Processo. 23ª Edição. São Paulo: Malheiros, 2007, pág. 114.

[38] O material foi gentilmente enviado por e-mail pela Biblioteca do Tribunal de Justiça da Bahia, pelo que se é grato. Ainda hoje não se conseguiu encontrar o texto na internet.

[39] Disponível em < https://www.al.sp.gov.br/repositorio/legislacao/lei/1930/lei

-2421-14.01.1930.html>. Acesso dia 09.12.2017.

[40] BRASIL. Assembleia Nacional Constituinte. Anais da Assembleia Nacional Constituinte de 1933/1934. Disponível em <http://imagem.camara.gov.br/prepara.asp?Datain=&txPagina=&txSuplemento=&BtData=Pesquisa&opcao=8&selCodColecaoCsv=R&selDataIni=17/04/1823&selDataFim=11/11/1823&xDataIn=&xCbEvento=&xCbComissao=&xCbDoc=&xCbSubTipoDoc=>. Acesso dia 09.12.2017.

[41] Manifestação do constituinte Floriceno.

[42] Samir Achoa fez essa proposta.

[43] Ideia de Victor Faccioni, Leopoldo Peres e José Maria Eymael.

[44] Sugestão de Adylson Motta.

[45] Emenda Constitucional 99 de 14 de dezembro de 2017. <http://www.planalto.gov.br/ccivil_03/Constituicao/Emendas/Emc/emc99.htm>. Acesso dia 22.12.2017.

[46] Originalmente publicado em VENTURA, Antônio (Organizador). "O Livro da Magistratura em Verso e Prosa". Rio de Janeiro: Topbooks, 2016, págs. 104/106.

www.ingramcontent.com/pod-product-compliance
Lightning Source LLC
Chambersburg PA
CBHW031922240526
45464CB00022B/641